环境保护税研究

葛察忠　龙　凤　杨琦佳
李晓琼　高树婷　庞　军　　等著
任雅娟　董战峰　张伊丹

中国环境出版集团·北京

图书在版编目（CIP）数据

环境保护税研究/葛察忠等著. —北京：中国环境出版集团，2018.6

ISBN 978-7-5111-3599-5

Ⅰ. ①环…　Ⅱ. ①葛…　Ⅲ. ①环境税—税法—法律解释—中国　Ⅳ. ①D922.229.5

中国版本图书馆 CIP 数据核字（2018）第 067060 号

出 版 人　武德凯
责任编辑　孔　锦
责任校对　任　丽
封面设计　岳　帅

更多信息，请关注
中国环境出版集团
第一分社

出版发行　中国环境出版集团
（100062　北京市东城区广渠门内大街 16 号）
网　　址：http://www.cesp.com.cn
电子邮箱：bjgl@cesp.com.cn
联系电话：010-67112765（编辑管理部）
010-67112735（第一分社）
发行热线：010-67125803，010-67113405（传真）

印　　刷　北京中科印刷有限公司
经　　销　各地新华书店
版　　次　2018 年 6 月第 1 版
印　　次　2018 年 6 月第 1 次印刷
开　　本　787×960　1/16
印　　张　12
字　　数　230 千字
定　　价　45.00 元

前言

党的十九大报告确立习近平总书记新时代中国特色社会主义，提出了加快生态文明体制改革建设美丽中国的目标和任务。2017 年 12 月召开的中央经济工作会议又明确提出了中国经济发展进入新时代，部署打好污染防治攻坚战。为此，需要综合运用多种措施手段，特别是经济手段，合力促进企业节能减排和产业结构调整。2016 年 12 月 25 日第十二届全国人民代表大会常务委员会第二十五次会议通过《环境保护税法》，环境保护税于 2018 年 1 月 1 日起全面实施。2017 年 12 月 25 日，《环境保护税实施条例》也由国务院发布。环境保护税是我国首个具有明确环境保护目标的独立型环境税税种，对构建绿色财税体制、调节排污者污染治理行为、建立绿色生产和消费体系等具有重要的意义。

课题组关于环境税的研究始于 20 世纪 90 年代，当时承担了国家环境保护总局和 OECD 的“利用环境经济政策促进环境保护的对话与合作”项目，开展了中国环境税收研究，进行了中国与 OECD 国家环境税收政策研讨。“十五”期间开展了国家科技攻关计划课题“中国环境税收政策及其实施研究”，出版了著作《环境税收政策及其实施战略》。2007 年，财政、税务、环保三部委联合成立了环境税政策制定工作小组，课题组先后承担和参与了多项环境税收政策研究课题。2012 年，申报了全国社会科学基金重点项目“中国环境税收政策设计与效应研究”，顺利完成了研究任务，并将研究成果出版成图书《中国环境税收政策设计与效益研究》。该成果获得

2017年度中国软科学奖。近年来，课题组深入参与了环境保护税的研究与制定工作，为环境保护税法及其实施条例的出台提供了大量技术支撑。

为系统总结和深化环境税的研究，帮助利益相关方深入理解环境保护税，推动环境保护税的申报、缴纳以及制度完善，课题组基于相关研究成果，编写本书。本书正文内容共分9章：第1章，利用税收手段解决环境问题；第2章，环境保护税和排污费改税研究；第3章，环境保护税的影响研究；第4章，环境保护税税额标准研究；第5章，环境保护税征管模式研究；第6章，环境保护税和环保部门经费保障研究；第7章，环境保护税与税收绿色化；第8章，环境保护税与其他环境政策关系；第9章，展望。本书可为利益相关方在制定或执行环保税政策时提供借鉴和参考。感谢所有在课题研究和本书编撰过程中提出宝贵意见的专家。

目　录

第1章 利用税收手段解决环境问题

尽管市场经济也存在市场失灵，但是利用市场手段来解决环境问题还是得到越来越多的重视。环境作为一种公共物品，具有显著的外部性，外部性的存在着私人边际净收益与社会边际净收益存在差异，因而不能获得最优资源配置效率。在解决外部性问题时，命令控制手段和市场手段是常见的方法。

1.1 环境保护税理论研究

环境保护税领域的相关理论主要包括公共物品理论、市场失灵理论、政府失灵理论、外部性理论等。这些理论都是环境经济和公共政策方面的基本理论，这里仅做简单的描述。感兴趣的读者可以参阅一些环境与资源经济学方面的相关书籍。

1.1.1 公共物品理论

公共物品是指不具有明确产权特征，形体上难以分割或分离，消费时不具有排他性的物品。公共物品意味着所有人都可以获得它而带来收益，且一个人对它的消费不会减少另一个人的消费。纯粹的公共品在消费上具有非竞争性和非排他性特征，环境质量具有公共物品的属性。

很多环境物品都具有公共品的特征。由于环境资源自身的特点决定了它们只能以公共品的方式和状态存在，如空气、水资源、森林资源等。由于每个人都可以从公共物品中获益，而且无法将他人排除在外，很自然地会产生“搭便车”现象，这样就使市场对公共品的供给往往达不到社会所需要的水平。对具有公共物品特性的环境资源而言，环境行为者对公共品的竞争性使用和过度滥用导致环境的严重恶化。

公共物品的本质特征决定了政府提供的必要性。公共物品的非排他性、非竞争性和外部性决定了人们在消费这类物品时，往往都会有不付费的动机，而倾向于成为免费搭乘者，这种情形不会影响他人消费这种产品，也不会受到他人的反对。在一个经济社会中，只要有公共物品存在，“免费搭车者“就不可避免。如果私人企业提供公共物品，就无法收回成本。同时，由于公共物品的个人消费数量是不确定的，价格机制不能有效发挥作用，竞争市场上一般无法提供这类产品，因此，需要政府利用税收手段来集资，提供这些产品。

1.1.2 外部性理论

环境作为一种公共物品，具有显著的外部性。外部性最早是由英国经济学家马歇尔在其经典著作《经济学原理》一书中提出的，是指一个人或一个企业的活动对其他人或企业的外部影响，这种影响并不是在有关各方以价格为基础的交换中发生的，因此，其影响是外在的。更确切地说，外部经济效果是一个经济主体的行为对另一个经济主体的福利所产生的效果，而这种效果很难从货币或市场交易中反映出来。实现帕累托最优要求私人边际净收益等于社会边际净收益，但外部性的存在意味着私人边际净收益与社会边际净收益存在差异，因而不能获得最优资源配置效率。

1.1.3 市场失灵理论

环境污染是市场失灵的现象之一。市场失灵是指市场无法有效率地分配商品和劳务的情况。在环境领域可以定义为：由于使用环境资源过程中外部性的出现以及环境信息的不对称，市场机制不完善，环境参与者的有限理性等原因，不能再通过价格反映供求关系之间的变化，自主地使市场达到资源配置的最优状态，从而出现市场失灵。

1.1.3.1　不完全市场

完全市场意味着有足够的市场存在以覆盖每个可能的随机交易，以便资源能转移到最有价值的地方来使用。但完全市场在很多情形下仅是一种理想状态，许多环境问题都与不完全市场有关，环境资源市场的不完全是市场失灵的基本原因之一。例如，有的环境资源市场根本就不存在或不健全。如空气资源、生态服务产品没有市场价格，因而被过度使用。又如林产品成本，往往只计算木材本身的成本，而没有计算其生态成本，环境资源的机会成本无法在市场价格信号中得以体现。垄断也是不完全环境资源市场的主因之一。在特定情况下，一些现有的环境资源市场上，大规模的生产优势使只要一家厂商就能以比几家厂商共同生产还要低的成本供应整个市场的需求量。例如，我国水电、气等物品的垄断问题，这类问题要想靠市场自己解决是不可能的。对不完全的市场应采用税收等价格机制来予以校正，才能发挥市场配置环境资源的基础作用。

1.1.3.2　环境参与者的有限理性

“理性经济人”假设最早由英国经济学家亚当·斯密提出，他认为人的行为动机根源于经济诱因，人都要争取最大的经济利益。在争取最大经济利益的过程中，往往导致对环境保护的非理性。首先，由于经济发展模式的影响，以牺牲环境为代价换取经济增长还是一个普遍现象；其次，虽然人们认识到保护环境的必要性，但是由于经济体系中环境资源的稀缺性无法通过价格杠杆体现，“经济人”的环境行为决策往往无法考虑其环境影响；最后，“经济人”的短视性及机会主义倾向也会驱使大众只顾眼前利益，不顾长远利益；只顾局部利益，不顾全局利益，以牺牲环境来求得经济增长。环境参与者的有限理性会造成市场失灵，可采用税收等政策工具去调控“经济人”的环境行为，使其做出理性决策。

1.1.3.3 环境信息的稀缺性和不对称性

环境信息是稀缺的，信息一旦公开即成为公共物品，因此，人们倾向于封锁信息，以保证自身优势。环境信息还是不对称的，例如，污染者对于其污染状况、污染物的危害等往往比受污染者了解多得多，但受个人利益驱使，污染者往往会隐瞒这些信息，以继续其污染行为①。这些因素都是导致市场失灵的根本原因。正是由于这些原因，使环境资源成本不能自动体现在生产成本之中，市场无法发挥作用，从而出现市场失灵，需要通过政府干预加以解决。政府可以通过税收手段等来解决此问题。

1.2 外部不经济性内部化

经济活动带来的外部不经济性是经济活动的实施人没有承担的、溢出的并由社会承担的问题。解决外部性问题，使外部不经济内部化的手段主要包括命令控制手段和市场手段。

1.2.1 命令控制手段

命令控制手段是环境政策中最早采用的。环境资源属于公共物品，不可避免地就会有负外部性，对此，萨缪尔森等学者认为减少环境负外部性的办法只有通过政府来提供公共物品才能解决，即采取命令干预的手段消除或者减少环境的负外部性。因此，命令控制手段是指通过政府强制干预的手段，来减少环境负外部性。具体来说，命令控制手段是管制机构通过法律和行政手段制定并执行各种政策，以削减污染物排放，而污染者只能按照政府规定行事或面临处罚以及法律与行政诉讼而别无选择。这类政策包括主要标准、许可证、区划、配额、使用限制等。

命令控制手段具有以下优点：第一，实施效果的可确定性。命令控制手段具

① 金三林：《环保税收的国际经验与我国环保税的基本构想》，载于《经济研究参考》2007年12月4日。

有强制性，因此，它所实施的对象必须服从命令控制手段所规定的基本要求。第二，适于处理突发性的环境事件。一般来说，当发生突发性环境问题时，是没有时间由市场去自愿协商的。在这种情形下，政府的行政权威和管理资源是最果断有效的手段。第三，可以直接供应环境公共产品。政府可以利用自己的行政权威提供与外部性相对的服务措施，减少外部性的不利影响。

命令控制手段也存在一系列问题。第一，执行成本大。管制由政府直接实施，为了强化管理效果，会投入较多的人力、物力，造成较大的成本。第二，存在管制失灵的情况。命令控制手段多通过设定标准和发布禁令，如技术、执行标准和配额管制等。但是，行政命令的运行存在信息扭曲、政策滞后、寻租等政府失灵现象，会导致不公平和低效率的管理后果，甚至加剧环境问题。第三，不利于技术进步。采用统一的标准和规定，没有考虑企业之间实际的经济差异、技术差异，影响企业改进生产技术、降低污染排放的积极性，不利于污染控制技术的发展。

1.2.2　市场手段

市场手段主要依靠“市场的力量”约束污染者的行为方式，对其行为方式选择产生间接的影响。相对于命令控制手段，市场手段具有较低的成本、较高的灵活性，良好的环境效果而受到推广。市场手段主要可分为两大类：一类侧重于通过政府干预来解决环境问题，可称为庇古手段，其具体政策有排污费和排污税等；另一类侧重于通过市场本身来解决环境问题，可称为科斯手段，具体政策包括排污权交易等。

1.2.2.1　庇古手段

庇古指出在经济活动中，如果某厂商给其他厂商或整个社会造成不需付出代价的损失，那就是外部不经济。其根源在于产生外部性的环境行为者转移了其行为的社会成本或占有了社会收益。由于环境外部性的存在，导致环境资源配置的低效率和不公平。

庇古提出利用税费手段可以避免外部性的问题。庇古在《福利经济学》一书中指出，在存在外部性的情况下，通过对产生外部性的企业征收外部性税收的办法来使企业的生产成本等于社会成本，可以在一定程度上避免外部性问题，这也就是通常所说的“环保税”思路。

庇古理论在现实经济生活中得到了广泛的应用。20 世纪 60 年代经济合作与发展组织（OECD）国家陆续出台了以治理污染为目的的各种污染税费。如法国于 1964 年开征水污染费，德国于 1969 年对润滑油制造商征收润滑油税等。80—90 年代初，OECD 国家环境税种类日益增多，相继开征了燃油税、电力税、煤炭税、机动车税、气候变化税、包装税和资源类税收等。进入 21 世纪以来，OECD 国家开始注重税收政策整体的绿色化调整，各国纷纷推行利于环保的财政、税收政策，荷兰、德国及北欧各国还进行了综合的环境税制改革。

通过这些国家的实践，庇古手段具有以下几个优点：首先，通过对污染产品征税，使污染环境的外部成本转化为生产污染产品的内在税收成本，减少了外部性的问题；其次，庇古税作为一种污染税，虽然是以调节环境行为为目的，但也可以提供一部分税收收入，可专项用于环保事业；最后，庇古税会引导生产者不断寻求清洁技术，有利于技术进步。

1.2.2.2 科斯定理

面对外部性的问题，科斯提出了利用产权制度解决外部性。在《社会成本问题》一书中，科斯从环境污染问题入手，对庇古的外部性税收理论提出质疑，他认为衡量污染的货币化损失非常困难，对于生产者控制污染的成本进行观测和估计也是非常困难的。科斯提出了解决外部性问题的另一种办法，即在产权明确界定的前提下进行市场交易，使污染者和污染的受损者通过自愿的谈判和交易实现外部性的内部化。科斯的上述思想被概括为“科斯定理”。根据科斯定理，解决外部性可以用市场交易形式替代庇古税手段、法律手段以及其他政府管制手段。科斯手段包括自愿协商制度、排污权交易制度、产权、可交易的许可证、国际补偿制度。

1.3　基于排放环节的税收手段

1.3.1　环保税弥补了排放环节税种空白

在《环境保护税》出台之前，我国还没有专门针对环境保护的税种，只是在一些税费的规定中直接或间接地含有环保因素，如消费税、车辆购置税、车船税、资源税、排污费等。2015 年，我国环保税费收入占税收总收入和 GDP 的比例分别为 6.44%和 1.36%，与 OECD 国家平均水平相近（环保税收入占 GDP 的比例平均为 1.65%）。从环境相关税收组成看，中国成品油消费税和车辆购置税占比较大，分别占环境相关税收收入的 43.2%和 32.3%。

从税收环节来看，消费税本质上是调节部分产品消费行为的税种，资源税则是从矿产等开发的源头调节资源使用行为的税种，对大部分生产型企业而言，是“一头一尾”的税负。近年来，这些税种也成为“绿色税收”政策的重要载体，对企业降低环境损害成本具有重要促进作用。但是在排放环节，只有排污费政策，而排污收费政策实施过程中逐渐暴露出收费标准低、执法刚性不足、地方政府和部门干预等问题，未对企业排污形成有效约束，不能充分调动企业治污减排的主动性。

1.3.2　费改税有利于我国绿色税收体系建设

排污收费制度是我国一项基本的环境管理制度。自 1979 年颁布实施以来排污收费政策筹集了大量污染防治资金，也提高了排污企业对治污的认识，使企业加大环境治理投资，削减污染物排放的积极性明显增强，促进节能减排的作用显著。但在实施过程中，与税收制度相比，收费制度存在执法刚性不足、地方政府和部门干预等问题。将排污费改为环境税，有利于解决排污费制度存在的执法刚性不足、行政干预等问题，有利于提高纳税人环保意识和遵从度，强化企业治污减排的责任。此外，费改税后，环境税将成为我国税收体系中第一个旨在保护生态环境的税种，在完善绿色税收体系上走出了突破性的一步。环境税的实施，不仅能够提高财税体制的绿色度，而且有助于促进其他财税政策绿色化的改革，此外也能提高和增强全社会的环境保护意识。

第 2 章
环境保护税和排污费改税研究

排污收费制度于 20 世纪 70 年代末开始实施，是我国一项基本的环境管理制度。30 多年来，排污费制度发挥了促进污染治理的经济杠杆作用，为环境保护工作开辟了专项资金渠道，推动了环境信息公开和环境执法。但排污收费存在标准偏低、征收面窄、缺乏对排污者不同表现的激励机制等问题。排污费改税有利于解决这些问题。环保税在征税对象、税额标准、计税依据方面与现行排污费具有较高的一致性，但是，在征管方式上体现了与排污费的根本区别。

2.1 排污收费政策概述

2.1.1 排污收费政策历程

排污收费制度是我国实施最早的环境经济政策。于 20 世纪 70 年代末开始实施排污收费制度。1978 年《环境保护工作汇报要点》中首次提出向排污单位实行排放污染物的收费制度。1979 年《环境保护法（试行）》明确规定："超过国家规定的标准排放污染物，要按照排放污染物的数量和浓度，根据规定收取排污费"，为在我国建立排污收费制度提供了法律依据。到 1981 年年底，全国有 27 个省、自治区、直辖市逐步开展了排污收费的试点工作。1982 年 2 月国务院发布《征收排污费暂行办法》，对征收排污费的目的、对象、收费标准、排污费管理、排污费使用等内容做出了详细规定，标志着排污收费制度在我国正式建立。1984 年《水污染防治法》规定了在征收超标排污费的同时，开征了污水排污费。1989 年修订后的《环境保护法》第十八条规定："排放污染物超过国家或者地方规定的污染物排放标准的企、事业单位，依照国家规定缴纳超标准排污费，并负责治理。"

排污收费制度在实施中多次改革，以满足环境管理的需要。2003 年，国务院颁布《排污费征收使用管理条例》（以下简称《条例》）。《条例》在征收对象、收费标准、管理使用等方面均发生了重大变化，明确规定按污染物排放总量和污染物排放标准相结合的方式征收排污费，同时《排污费征收标准管理办法》《排污费资金收缴使用管理办法》等配套规章相继出台，全面系统地确立了我国市场经济条件下的排污收费制度，是排污收费制度改革的重大突破和里程碑。改革实现了由超标收费向排污即收费和超标加倍收费、由单一浓度收费向浓度与总量相结合收费、由单因子收费向多因子收费的转变；对排污费的征收、使用和管理严格实行收支两条线，征收的排污费一律上缴财政，列入环境保护专项资金全部用于污染治理。2014 年 9 月 1 日，国家发展改革委、财政部和环保部联合发布《关于调整排污费征收标准等有关问题的通知》，是自 2003 年《条例》实施之后，国家层面首次提高排污费征收标准（表 2-1）。

表 2-1　排污费制度发展过程中的部分法规文件

年份	法规文件	内容	意义
1978	《环境保护工作汇报要点》	"必须把控制污染源工作作为环境管理的重要内容，排污单位实行排放污染物的收费制度，由环境保护部门会同有关部门制定具体收费办法。"	首次提出实行排放污染物的收费制度
1979	《环境保护法（试行）》	"超过国家规定的标准排放污染物，要按照排放污染物的数量和浓度，根据规定收取排污费。"	为建立排污收费制度提供了法律依据；到 1981 年年底，全国有 27 个省、自治区、直辖市逐步开展了排污收费试点工作
1982	《征收排污费暂行办法》	"……对超过上述标准（'三废'）排放污染物的企业、事业单位要征收排污费；对其他排污单位，要征收采暖锅炉烟尘排污费。"	对征收排污费的目的、对象、标准、管理、使用等内容做出了规定，标志排污收费制度正式建立

年份	法规文件	内容	意义
1984	《水污染防治法》	“企业事业单位向水体排放污染物的，按照国家规定缴纳排污费；超过国家或地方规定的污染物排放标准的，按国家规定缴纳超标准排污费，并负责治理。”	在征收超标排污费的同时，开征了污水排污费
1989	《环境保护法》	“排放污染物超过国家或者地方规定的污染物排放标准的企、事业单位，依照国家规定缴纳超标准排污费，并负责治理。”	规定超标排污费
1991	《关于调整超标污水和统一超标噪声排污费征收标准的通知》	略	对污水超标收费标准进行了调整，制定了噪声超标收费标准
1995	《固体废物污染环境防治法》	“对新产生的污染环境的工业固体废物，应当缴纳排污费或者采取其他措施。”“以填埋方式处路危险废物不符合国务院环境保护行政主管部门的规定的，应当缴纳危险废物排污费。”	规定征收固体废物排污费和危险废物排污费
1996	《环境噪声污染防治法》	“产生环境噪声污染的单位，应当采取措施进行治理，并按照国家规定缴纳超标准排污费。”	确立噪声超标排污费
1999	《海洋环境保护法》	“凡违反本法，造成或可能造成海洋环境污染损害的，本法第五条规定的有关主管部门可以责令限期治理，缴纳排污费，支付消除污染费用，赔偿国家损失；并可以给予警告或者罚款。”	—
2000	《大气污染防治法》	“国家实行按照向大气排放污染物的种类和数量征收排污费的制度，根据加强大气污染防治的要求和国家的经济、技术条件合理制定排污费的征标准。”	—
2003	《排污费征收使用管理条例》	排污费即收费； 浓度与总量相结合收费； 多因子收费	以实行排放污染物总量收费和排污费收支两条线管理为核心内容

年份	法规文件	内容	意义
2004	《固体废物污染环境防治法》	“以填埋方式处置危险废物不符合国务院环境保护行政主管部门规定的，应当缴纳危险废物排污费。”	取消了对一般工业固体废物征收排污费的规定，仅对危险废物征收排污费
2008	《水污染防治法》	“直接向水体排放污染物的企业事业单位和个体工商户，应当按照排放水污染物的种类、数量和排污费征收标准缴纳排污费。”	确立“排污费即收费，超标罚款”原则，取消了超标准排污费。向城镇污水集中处理设施排放污水、缴纳污水处理费用的，不再缴纳排污费。城镇污水集中处理设施出水达标免缴排污费
2014	《环境保护法》	“排放污染物的企业事业单位和其他生产经营者，应当按照国家有关规定缴纳排污费。”	排污即收费
2014	《关于调整排污费征收标准等有关问题的通知》	提高四项主要污染物和五项重金属收费标准。将五项重金属独立于排污口前三项之外征收	提高排污费征收标准，加强政策力度

2.1.2 排污收费征收情况

2.1.2.1 排污费征收额特征

2003—2016 年，全国累计征收排污费 2 304 亿元，是此前 24 年排污费征收总额的 3.4 倍（图 2-1），缴纳排污费的企、事业单位和个体工商户累计 506 万户。2013 年，“十二五”排污收费首次突破 200 亿元。

2003 年以来，全国排污收费年平均增长 11%，高于同期 GDP 增幅平均值，略低于同期工业增加值增幅。2003 年《条例》实施总量收费，2004 年排污费较上年增幅 33%。2008 年新修订的《水污染防治法》确定了“排污收费、超标违法处罚”原则，取消了超标准排污费。同期受国际经济形势影响，国内经济增速减缓，2009 年排污费增长大幅减缓。2011—2016 年，各省陆续提高排污费征收标准，及全国重点行业排污费专项稽查等原因，排污费增速持续。

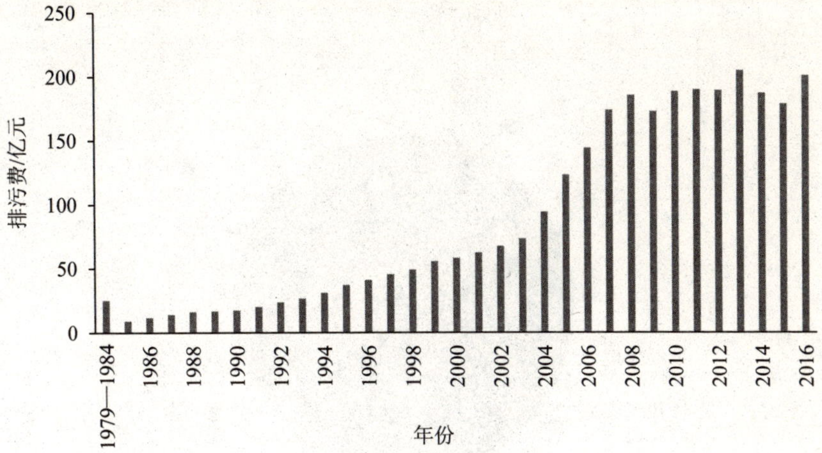

图 2-1　历年排污费征收额

2.1.2.2　污染物类别特征

废气排污费比重明显增加，废水排污费比重大幅下降。2004—2013 年，废气排污费由 2004 年的 42 亿元上升到 2016 年的 167.68 亿元，占总征收额的比例由 52%上升到 81.53%，其中以二氧化硫和氮氧化物排污费增长最为明显；废水排污费由 2004 年的 30 亿元下降到 2016 年的 14.55 亿元，占总征收额的比例由 37%下降到 7.07%；噪声排污费由 2004 年的 5.9 亿元上升到 2016 年的 23.21 亿元，占总征收额的比例由 7%上升到 11.28%；固废排污费从 2004 年的 2.8 亿元下降到 2016 年 0.24 亿元，占总征收额的比例由 4%下降到 0.12%（图 2-2）。

废气排污费持续增长，主要原因：一是各地规范排污费征收行为，加大排污费征收稽查力度；二是共有 16 个省份提高了排污费征收标准，主要提高的是二氧化硫排污费征收标准。随着“十二五”减排工程的推进，火电企业脱硫设施已基本全面投入使用，脱硝设施也相继投入使用，二氧化硫、氮氧化物排污费会随之下降。

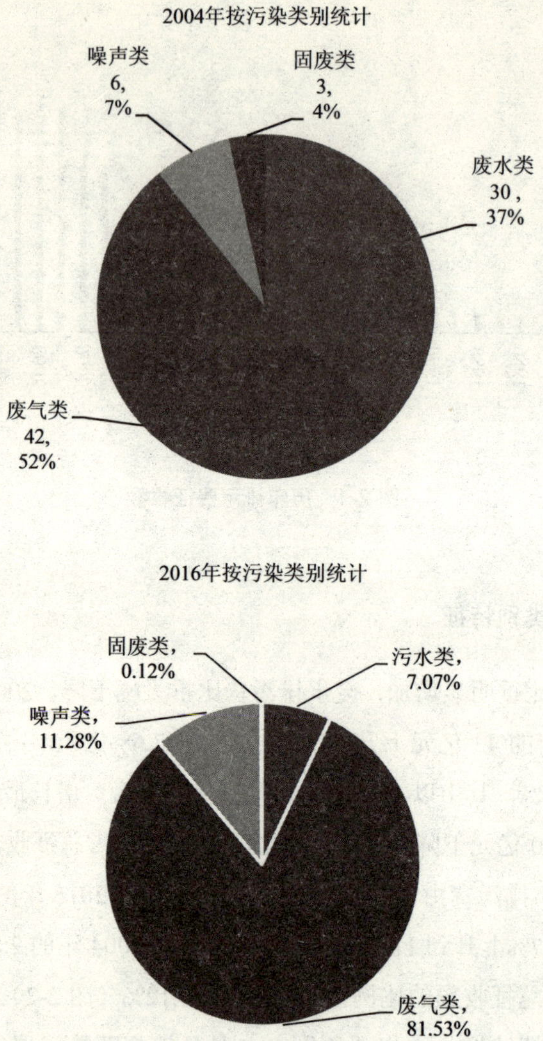

图 2-2　2004 年和 2013 年各类别污染物排污费征收额情况

污水类排污费持续下降，主要原因：一是减排措施进一步加大，化学需氧量排放量下降，排污费征收额相应下降；二是 2008 年修订的《水污染防治法》确定了“排污收费、超标违法处罚”原则，取消了超标准排污费，这部分罚款也不纳入污水排污费范畴；三是随着市政管网的建设，大量工业企业污水进入管网由城镇污染水处理厂代为处理，而工业企业只需缴纳污水处理费而不再缴纳排污费，而城镇污水处理厂的出水水质达到国家或地方规定的水污染物排放标准的，则可以免缴排污费。

2.1.3　排污收费的作用

2003 年国务院颁布实施《条例》，是排污收费制度新的里程碑。10 年来，排污收费制度全面实施，充分发挥刺激企业积极治理污染、筹集环保治理资金的重要作用，已成为环保部门强有力的执法手段。

2.1.3.1　发挥了促进污染治理的经济杠杆作用

排污费制度发挥了促进污染治理的经济杠杆作用，一方面，体现在通过对企业外排污染物收费促使企业主动考虑环境成本，将环境成本纳入企业成本中去，积极采取措施开展污染治理，减少污染排放；另一方面，排污费收入部分通过补助的形式用于工业企业污染治理，一定程度上增加了企业污染治理的积极性，并带动企业自筹污染治理资金的投入。

图 2-3 显示了 2006—2015 年四项主要污染物排放量，COD、氨氮、SO_2 排放量整体上都呈下降趋势，而氮氧化物排放量从 2011 年开始下降。虽然主要污染物减排是多种政策手段综合作用的结果，但是排污费作为最早实施并不断发展完善的一项基础性经济政策工具，在促进企业污染治理和节能减排方面发挥了重要作用。

2.1.3.2　为环境保护工作开辟了专项资金渠道

排污费资金收入为环保部门开辟一条专项资金渠道，直接推动了污染减排工作。10 年来，全国累计征收排污费 1 748 亿元，全部用于污染防治和环保队伍能力建设。以 2010 年调查数据为例，排污费的 32%用于环保能力建设，65%用于生态保护和污染防治。

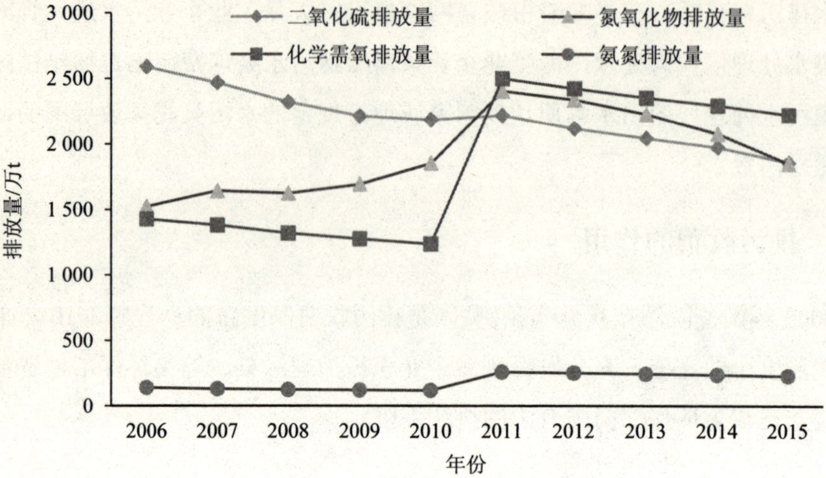

图 2-3　2006—2015 年我国主要污染物排放量

2.1.3.3　推动环境信息公开

2010 年《关于印发 2010 年环境保护部重点工作事项及进度安排的通知》（环办〔2010〕39 号）第 46 项“推进国控重点污染源的监管工作”要求，从 2010 年第二个季度起（以后每个季度一次），在环境保护部网站上向社会公告国家重点监控企业的排污费征收情况。每季度对 13 425 家（动态更新）企业排污费征收情况在环保部网站上据实进行公告，接受公众监督，至今已公布 15 个季度。

2014 年起，建立国控企业欠缴排污费负面清单制度，将 2013 年欠缴 3.4 亿元排污费的 374 家国控企业名单要求各省在本级门户网站公示，接受媒体和公众监督。

2.1.3.4　排污费数据服务于环境执法

以排污申报为抓手，建立污染源基础信息数据库，为环境监察移动执法平台提供数据支持。每年全国排污申报登记户数达 53 万户，每家企业申报 412 项信息。共采集 12 000 多家国控重点企业的生产、治理设施工艺图和地理坐标等信息，数据量累计达 800 GB，初步建立污染源基础信息数据库。已有 14 省将污染源基础信息数据库数据应用于环境监察移动执法平台，为移动执法平台提供基础数据。

地方在利用排污申报数据服务环境执法方面各具特色。例如，江苏省排污申报数据在太湖蓝藻预警、全省总量减排、现场违法企业查处等工作中发挥了重要信息支撑作用；重庆市将企业排污申报用于环境应急上，迅速有效地处置了企业的突发环境事故；2008 年四川汶川大地震、2013 年四川芦山地震后，污染源基础信息数据库都对隐患企业的巡查、环境风险的排除起到了较好的作用。

2.1.4　排污收费存在问题

（1）排污收费标准偏低

排污收费标准是整个制度的关键要素，排污费征收标准的高低直接决定了企业是否采取污染治理行为以及治理的程度。从理论上讲，最优收费水平应该是平均边际治理成本与边际损失成本相等之处。由于确定每种污染物边际治理成本是非常困难的事情，因此，一般采用污染物的平均治理成本来代替边际治理成本。20 世纪 90 年代世界银行技术援助项目《中国排污收费制度设计及其实施研究》（TA B-8-1），采用平均治理成本法来确定大气和水污染物排污费的收费标准。考虑到当时企业承受能力，2003 年排污费改革按照这一标准减半征收，即污水、废气排污费征收标准每污染当量分别为 0.7 元和 0.6 元，远低于实际污染治理成本。如果考虑通货膨胀因素的影响，实际上改革后排污费标准是在逐步下降的。这就导致了近年来排污费实施中存在的“守法成本高、违法成本低”的问题。因此，排污费征收标准必须高于污染物的平均治理成本才能够实现政策的刺激作用，否则排污者宁愿缴纳排污费也不愿治理。

（2）征收面窄，不能满足新时期环境管理的需要

虽然 2003 年排污费改革增加了污染因子数，但是随着经济的发展和污染减排不断提高的要求，《中共中央关于全面深化改革若干重大问题的决定》要求“建立和完善严格监管所有污染物排放的环境保护管理制度”，目前一些本身不在收费范围内的污染物逐渐暴露和引起重视，如挥发性有机物、流动污染源等。重金

属污染已成为“十一五”以来凸显的重大环境问题。虽然一些重金属在排污费征收范围，但是往往并不在收费的前三项污染物，不能予以征收，且很多地区重金属监测手段滞后。

（3）缺乏对排污者不同表现的激励机制

排污费制度本质上体现了污染者负担原则和环境外部成本内部化理论，使排污者为使用环境资源付出代价。但是作为经济政策手段，排污费制度还应对排污者环境行为具有良好的调节作用。市场经济下，生产经营单位以追求利益最大化为根本目标，环境行为表现同样服从于这一目标，因此，政策的激励机制设置对于优化政策效果具有重要作用。然而，目前排污费制度没有实行差别化收费政策，如排放浓度每降低一个级别，付出的治理成本往往会增加很多，排污费标准对达标的企业“一刀切”，就不能充分调动企业治污减排的主动性。

2.2 环境保护税出台背景

2.2.1 环境污染形势严峻

改革开放30多年来，我国经济、社会发展取得了巨大成就，但是经济社会发展不平衡、不协调、不可持续的问题仍然突出，多阶段、多领域、多类型生态环境问题交织，生态环境与人民群众需求和期待差距较大，尤其是近年来大面积的严重雾霾频繁爆发，地下水污染问题、城市黑臭水体等关系民生的问题逐渐显现，使公众对环境质量改善的呼声越来越高。提高环境质量，加强生态环境综合治理，加快补齐生态环境短板，已成为环境管理领域的重点任务。

面对这种严峻的环境污染状况，环境保护工作需要综合运用多种措施手段，发挥合力，促进企业节能减排和产业结构调整。环境财税政策作为重要的环境经济手段，对于调整企业环境行为、促进发展方式转变具有长效作用机制。

2.2.2　中央高度重视环境财税政策

环境财税制度是生态文明制度建设的重要组成部分①。随着环境保护工作的深入，党和国家领导治理污染的决心日益增强，对建立环境保护税高度重视，将环境保护税作为生态文明建设的一项重要财税制度。在 2007 年国务院节能减排综合性方案（国发〔2007〕15 号）提出研究开征环境税后，开始发布多项规定。2011 年 10 月国务院印发《关于加强环境保护重点工作的意见》（国发〔2011〕35 号）提出“积极推进环境税费改革，研究开征环境保护税”。党的十八届三中全会明确提出推动环境保护税费改革作为税制改革的重点任务之一。2015 年 1 月 1 日起实施的新《环境保护法》明确提出“依照法律规定征收环境保护税的，不再征收排污费”，预示着我国实施环境保护税将成为必然趋势。中共中央、国务院印发《关于加快推进生态文明建设的意见》提出要完善经济政策，健全价格、财税、金融等政策，激励、引导各类主体积极投身生态文明建设。推动环境保护费改税。《生态文明体制改革总体方案》提出要构建更多运用经济杠杆进行环境治理和生态保护的市场体系，加快资源环境税费改革，加快推进环境保护税立法。

2.2.3　环境税税制方案的选择

我国对环境税的研究和实践已经有较长时间，在这个过程中不同群体在对环境税的认识、制度设计、实施进程等方面存在着不同意见和争议，对于环境税具体税制要素的设计（包括税种的命名）也存在着或多或少的差别。但总体来看，社会上对环境税的设计可以概括为两种方案，一种是设立独立的环境税税种，下设多个税目，称为独立型环境税；另一种是不设立独立的环境税税种，而是将排污费改成污染排放税，并对其他现有税费进行绿色化改良，称为融入型环境税。

独立型环境税和融入型环境税的概念最早由王金南等②于 2006 年提出，之后

① 葛察忠、高树婷等：《生态文明建设的环境财税架构》，载于《环境保护》2012 年第 23 期，第 26～28 页。

② 王金南、葛察忠等：《环境税收政策及其实施战略》，北京：中国环境科学出版社，2006 年版。

王金南等分别于2009年[①]和2014年[②]对独立型环境税的内涵进行了改进和完善，主张我国建立独立型环境税制方案，把环境税作为一个独立的税种来设立，将一系列与环境相关的税收作为税目纳入，具体包括污染排放、污染产品、生态保护、碳排放四个税目，选择合适的时机开征。独立型环境税有利于体现明确的环保目标和价格信号，但从操作层面上独立型环境税对目前税制结构的变动比较大，需要综合考虑和整合现有消费税、资源税以及碳排放交易制度等相关政策，具有较大的难度。

目前环保税法所确立的环保税方案主要对现行排污费进行改革和平移，也就是排污费改税，显示了我国环境税改革总体上将沿着融入型环境税的路径进行。排污费制度是我国一项较为成熟的环境经济手段，这个方案综合了专家学者的意见，结合现有税制兼顾改革成本，在操作层面更易于推进实施。此外，从总体的环境财税制度考虑，除了排污费改税外，还应考虑对消费税、资源税等现有税制进行绿色化改良，如逐步将污染产品税纳入消费税征收范围，将资源税税率进行改革以体现矿产开采的生态破坏成本等。

2.3 排污费改税的意义

排污费改税有利于减少企业的污染物排放，有利于促进产业结构调整和转型升级，有利于解决排污收费政策中的一系列问题，是环境财税改革的一个重要突破。

2.3.1 有利于促进企业减少污染物排放

环保税通过调节企业行为来实现减少污染排放的目的，同时也对企业绿色发

① 王金南、葛察忠等：《中国独立型环境税方案设计研究》，载于《中国人口·资源与环境》2009年第19卷第2期，第69～72页。

② 王金南、龙凤等：《排污费标准调整与排污收费制度改革方向》，载于《环境保护》2014年第42卷第19期，第37～39页。

展释放积极的引导信号。在市场经济体制下，对于环境的负外部性和正外部性问题，市场无法进行自我矫正。采用税收杠杆针对污染和破坏环境的行为征收环境税，通过增加破坏、污染环境的企业或产品的税收负担，实现以经济利益调节外部不经济性，让企业补偿造成的环境外部损失成本，促使其减少污染排放或者通过技术创新提高生态效率，从而达到企业环境外部成本内部化的目的。环境外部成本补偿或内部化是环境税政策最主要的功能，而且也是环境税政策设计的核心目标[①]。

2.3.2　有利于促进产业结构调整和转型升级

环保税主要通过优化资源配置和改进效率来实现调控经济的功能，引导资源向低消耗和低污染的产业和地区集聚，提高整个经济系统的效率和绿色竞争力。目前排污费缴纳额较大的主要是高耗能、高污染企业，排污费改税后，更具法律刚性，征管力度进一步加大，有利于淘汰落后产能，促进产业结构调整和转型升级，符合保护和改善环境的迫切要求以及生态文明建设的需求，从而促进我国绿色发展。另外，与排污费相比，环保税的法制化程度更高，征收机制更加规范透明，有利于促进形成公平竞争的市场环境。

2.3.3　有利于解决排污费刚性不足的问题

排污收费制度已有 30 多年的发展，对我国的环境保护事业发展起到了重要作用，尤其是 2003 年排污费改革后，排污收费制度全面实施，充分发挥刺激企业积极治理污染、筹集环保治理资金两大手段，成为环保部门重要的工作抓手之一。然而排污费属于行政性收费范畴，法律强制性不强。在实际工作中，环保部门缺少强有力的惩罚性机制，造成执法力度不够。大型工业企业污染源自动监控等配套设施相对完善，对于环境监察工作配合度较高，排污费征收基本执行规范程序。但一些小型工业企业和第三产业缴费意识不强，对排污申报流程不熟悉，经常通

---

① 王金南等：《中国环境税收政策设计与效应研究》，北京：中国环境出版社，2015 年版。

过各种方法达到“少缴费”的目的。另外，环保人员和经费的不足致使地方的基层监管工作难以规范，某些地方由于缺乏人手，工作人员往往身兼数职，核算部分没有专人负责，个别存在协商收费的现象。排污费改税有利于解决排污费执法刚性不足的先天缺陷，以税收法律的刚性约束企业主动申报缴纳环保税，减少地方政府干预，从而有力保障政策效果的最大化。

2.4 环境保护税不仅仅是排污收费的平移

根据环保税法的规定，环保税在征税对象、税额标准、计税依据方面与现行排污费具有较高的一致性，又不完全相同，在进行税负平移的同时尽量弥补排污费本身的设计缺陷。此外，在征管方式上体现了费和税的根本区别，又具有与其他税种不同的特殊性。

2.4.1 纳税人

环保税法对纳税人的规定与现行排污费的缴费主体保持了一致。环保税的纳税人为在中华人民共和国领域和中华人民共和国管辖的其他海域，直接向环境排放应税污染物的企业事业单位和其他生产经营者。企业事业单位和其他生产经营者向依法设立的污水集中处理、生活垃圾集中处理场所排放应税污染物，缴纳处理费用的，由于其不直接向环境排放应税污染物，不缴纳相应污染物的环境保护税；在符合国家或地方环境保护标准的设施、场所贮存或者处置固体废物的，不缴纳固体废物的环境保护税。

2.4.2 征税对象

环保税的征税对象分为大气污染物、水污染物、固体废物和噪声四大类，其中，水和气的应税污染物当量值继续沿用排污费里规定的当量值。其中应税大气污染物共 44 种，水污染物 65 种，固体废物包括一般固体废物和危险废物，噪声仅对工业噪声征收。

2.4.3　税额标准

现行排污费制度规定的不同污染物的最低收费标准分别为：大气中二氧化硫、氮氧化物每当量 1.2 元，其他污染物每当量 0.6 元，水中 COD、氨氮及五项重金属每当量 1.4 元，其他污染物每当量 0.7 元。环保税法将大气污染物和水污染物整体提高到每当量最低 1.2 元和 1.4 元，同时分别设置了 10 倍的上限，即最高不超过每当量 12 元和 14 元。固体废物按不同种类，税额为 5～1 000 元/t，固体废物税目里把冶炼渣、粉煤灰、炉渣与其他固体废物合并到一个税额档，均为 25 元/t。噪声按超标分贝数，税额为 350～11 200 元/月，由每分贝一档改为每三分贝一档。

同时为了建立约束与激励并存机制，环保税也设置了差别收费政策，规定浓度值低于国家或地方排放标准 30%和 50%的，分别减按 75%和 50%征收环保税。这比排污费增加了一档。但是环保税取消了排污费里加倍征收环保税的条款，更注重从激励的角度来促进企业主动减排。

2.4.4　计税依据

税法对环保税应税污染物计税依据的确定方法及应纳税额的计算方法等做了规定。计税依据的确定按照自动监测数据、手工监测数据、排污系数和物料衡算，以及抽样测算的方法和顺序来计算。税法规定每一排放口或者没有排放口的应税大气污染物，按照污染当量数从大到小排序，对前三项污染物征收环境保护税；每一排放口的应税水污染物，按照本法所附《应税污染物和当量值表》，区分第一类水污染物和其他类水污染物，按照污染当量数从大到小排序，对第一类水污染物按照前五项征收环境保护税，对其他类水污染物按照前三项征收环境保护税。

2.4.5　税收征管

税法所规定的环保税征管模式是：纳税人依法如实办理纳税申报，对申报的真实性和完整性承担责任；税务机关负责征收管理，环境保护主管部门负责对污染物的监测管理；环境保护主管部门和税务机关建立涉税信息共享平台和工作配合机制。虽然环保税是税务征收，环保协作，但是环境保护主管部门作为非税收征管部门，其在环保税中的职责却被多次强调。这与环保税计税依据确定的特殊性有关。开征环境税对征管部门的环保技术要求高，工作量会加大，税务部门相关知识和经验还较缺乏，而环保部门在此方面的数据储备和技术优势明显。税法充分考虑这一特点，并尽量保持税收属性，规定环保部门共享环境数据信息、制定排污系数、物料衡算方法和抽样测算方法，以及在必要的时候对纳税人的申报资料进行复核。环保税的税收征管模式将在第 5 章进行详细阐述。

第3章
环境保护税的影响研究

环保税的实施将对社会福利、财政收入、相关行业企业等带来不同程度的影响，本章在课题组开发建立的环保税可计算一般均衡模型（以下简称CGE模型）系统基础上，设计不同税收收入返还方式情景，测算在高中低不同税率下征收环保税对国民经济与社会的影响；并分析不同税率下环保税税收收入规模及分布特点，预测典型地区重点污染行业中不同规模企业的环境税负。

3.1 我国征收环境保护税的经济影响

本部分利用CGE模型定量分析征收环境保护税对我国的宏观经济影响，包括在保持总体税负不变的前提下对环境保护税收入采取不同返还方式时的宏观经济影响。

3.1.1 中国“能源—经济—环境”CGE模型

CGE模型是国内外研究税收政策影响的主流分析工具，其在国内外税收政策的经济影响研究方面得到了广泛应用。本研究所采用的分析工具是本研究小组开发的中国“能源—经济—环境”CGE模型，该模型将能源、经济和环境系统同时纳入一般均衡的分析框架，可以实施环境税政策分析。

中国“能源—经济—环境”CGE模型将市场主体划分为四类，即企业、居民户、政府和世界其他地区，其中居民户又被分为城市居民和农村居民。中国“能源—经济—环境”CGE模型假设市场完全竞争，所有部门均在规模收益不变的生产技术约束下按成本最小化原则进行要素投入和产品产出决策。政府作为市场的管理者，对企业和居民征收各项税收（其中包括环境税），以获得政府收入。同时，政府的支出除了政府消费外，也可能包括对企业和居民的转移支付。在对外贸易方面，本模型中设定世界其他地区作为中国对外贸易的对象，同时采用小国假设，即认为中国在国际贸易中是价格的接受者，即进口与出口的国际市场价格不受国内进出口量的影响，由国际市场决定，进口产品不仅作为消费者购买并且使用的最终消费品，还作为生产过程中的中间投入。

考虑征收环境税主要影响的是那些污染排放强度较大的工业部门，为便于分析征收环境税对这些部门的影响，将这些部门单独划分出来，最终中国“能源—经济—环境”CGE模型将国民经济划分为13个行业（表3-1）。

表3-1　中国“能源—经济—环境”CGE模型的产业部门划分

序号	行业名称	序号	行业名称
1	煤炭开采和洗选业	8	非金属矿物制品业
2	石油和天然气开采业	9	金属冶炼及压延加工业
3	食品制造及烟草加工业	10	电力、热力的生产和供应业
4	纺织业	11	燃气生产和供应业
5	造纸印刷及文教体育用品制造业	12	水的生产和供应业
6	石油加工、炼焦及核燃料加工业	13	其他行业[①]
7	化学工业		

注：①本节中，“其他行业”包括除上述12个行业外的国民经济其余各个行业。

3.1.2　环境保护税政策情景设定

本书采用比较静态分析方法，模型基准年是2012年，主要数据来源为国家统计局公布的《2012年中国投入产出表》和其他相关统计资料如《中国税务年鉴》《中国财政年鉴》等。在利用CGE模型进行模拟时，基准情景被设定为2012年的市场均衡状态，全社会 2012 年各行业的产量、价格及污染排放等数据都被作为比较静态分析的基础。在完全市场竞争假设下，模型认为基准情景下经济体中各行业已经根据自身的生产函数和成本函数并基于成本最小化原则选择了最优产出水平及最优要素投入水平，此时整个经济体处于均衡状态；当征收环保税后，会打破经济体原有的均衡状态，此时各行业会基于新的投入成本来决定新的最优产出水平和最优要素投入水平，并达到新的均衡状态；在这两种均衡状态下各指标的变化情况就是我们所关注的征收环保税的经济影响。

本书同时模拟对 SO_2、NO_x、COD 和氨氮征收环境保护税时采取不同的税收收入返还方式的经济影响。结合前面各部分的研究结果，本书设定四种不同的环境保护税税收返还政策情景，同时在每种税收返还政策情景下设置低、中、高 3 种环境保护税税率组合子情景（表 3-2）。这里低税率组合为大气污染物 1.2 元/污染当量、水污染物 1.4 元/污染当量；中税率组合为大气污染物 3.6 元/污染当量、水污染物 4.9 元/污染当量；高税率组合则借鉴国内部分省市已经采用的实际排污费费率，对大气污染物和水污染物排放统一确定为 10 元/污染当量。

表 3-2　本研究所设定的环境保护税收入返还政策情景

情景	环境保护税税收收入返还方式	子情景	环境保护税税率组合
S1	环境保护税纳入政府财政收入，不返还	S1-1	SO_2 和 NO_x：1.2 元/污染当量； COD 和氨氮：1.4 元/污染当量
		S1-2	SO_2 和 NO_x：3.6 元/污染当量； COD 和氨氮：4.9 元/污染当量
		S1-3	SO_2 和 NO_x：10 元/污染当量； COD 和氨氮：10 元/污染当量
S2	保持各生产部门总体税负不变，在对各生产部门污染排放征收环境保护税的同时，等额减免各自生产环节中的其他税收	S2-1	SO_2 和 NO_x：1.2 元/污染当量； COD 和氨氮：1.4 元/污染当量
		S2-2	SO_2 和 NO_x：3.6 元/污染当量； COD 和氨氮：4.9 元/污染当量
		S2-3	SO_2 和 NO_x：10 元/污染当量； COD 和氨氮：10 元/污染当量

情景	环境保护税税收收入返还方式	子情景	环境保护税税率组合
S3	保持7个高污染部门（电力、热力的生产与供应业；非金属矿物制品业；化学工业；金属冶炼与压延加工业；造纸印刷及文教体育用品制造业；食品制造及烟草加工业；纺织业）总体税负不变，即在对这7个生产部门污染排放征收环境保护税的同时，等额减免各自生产环节中的其他税收。但是，对这7个高污染部门之外的其他20个生产部门仍然征收环境保护税，不采取任何税收返还措施，税收收入纳入政府财政	S3-1	SO_2和NO_x：1.2元/污染当量；COD和氨氮：1.4元/污染当量
		S3-2	SO_2和NO_x：3.6元/污染当量；COD和氨氮：4.9元/污染当量
		S3-3	SO_2和NO_x：10元/污染当量；COD和氨氮：10元/污染当量
S4	将环境保护税收入转移支付给城镇居民和农村居民，且对城镇居民和农村居民转移支付的比例等于政府在基准情景下的转移支付比例	S4-1	SO_2和NO_x：1.2元/污染当量；COD和氨氮：1.4元/污染当量
		S4-2	SO_2和NO_x：3.6元/污染当量；COD和氨氮：4.9元/污染当量
		S4-3	SO_2和NO_x：10元/污染当量；COD和氨氮：10元/污染当量

3.1.3 对GDP的影响分析

图3-1给出了4种环境保护税收入返回政策情景下我国征收环境税时GDP相比基准情景的变化率，其中每种情景下还有3种不同的环境保护税税率组合子情景，共有12种情景。

从CGE模型得出的模拟结果来看：总体而言，征收环境税对我国GDP将产生负面影响，但影响程度很小，即使在S1情景（环境保护税收入不返回）和S4情景（环境保护税收入全部转移给城乡居民）中的高税率组合子情景下（即SO_2、NO_x、COD和氨氮排放的环境保护税税率均为10元/污染当量），GDP相比基准情景而言也只是分别下降0.219%和0.223%。如果征收环境保护税的同时考虑生产环节中其他税收的等额减免，即在S2情景和S3情景下，则征收环境保护税对GDP的负面影响将更低，其中尤其以S2情景对GDP的负面影响最小，即便采取高税率组合子情景，GDP相对基准情景而言也只下降0.022%和0.045%。总体来说，即使对废气和废水排放均采取 10 元/污染当量这样的较高环境保护税税率，对我国宏观经济的负面影响仍然可以接受。

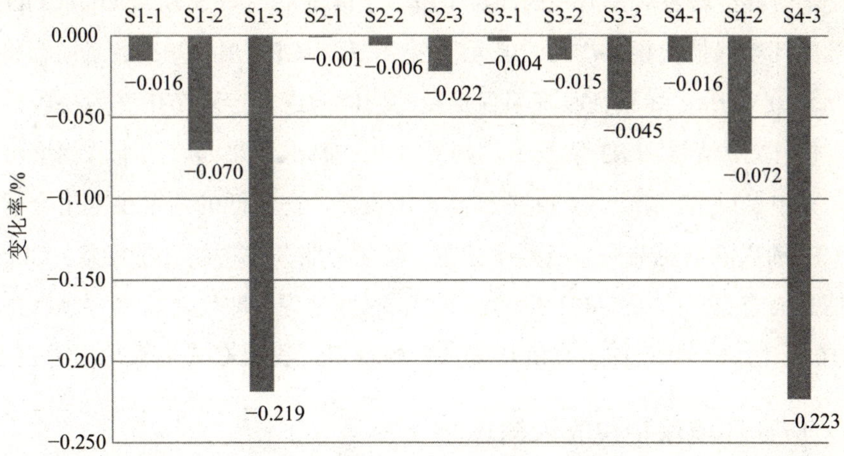

图 3-1　征收环境保护税在不同的税收返还政策情景下 GDP 相比基准情景的变化率

3.1.4　对 CPI 的影响分析

图 3-2 给出了我国征收环境税时在不同的税收返还政策情景下对 CPI 的影响。

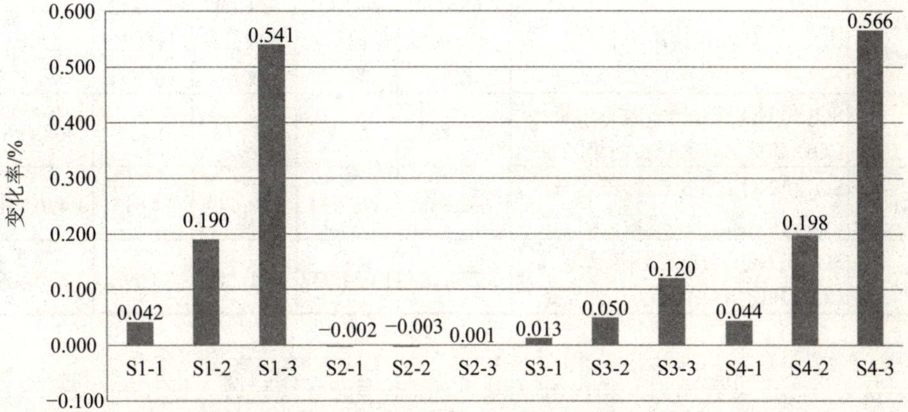

图 3-2　征收环境保护税在不同的税收返还政策情景下 CPI 相比基准情景的变化率

从图 3-2 可以看出：在设定的情景下，征收环境税将导致我国 CPI 小幅上涨，但上涨幅度有限。在 S1 情景（环境保护税收入不返回）和 S4 情景（环境保护税收入全部转移给城乡居民）中的高税率组合子情景下（即 SO_2、NO_x、COD 和氨氮排放的环境保护税税率均为 10 元/污染当量），CPI 相比基准情景而言将上涨 0.541%和 0.566%；如果征收环境保护税的同时考虑生产环节中其他税收的等额减免，即在 S2 情景和 S3 情景下，则 CPI 相比基准情景而言的上涨幅度将显著降低，其中尤以 S2 情景对 CPI 的推高作用最低，在较低的两个税率组合子情景下对 CPI 的影响甚至为负，但程度甚微，即使采取高税率组合子情景，CPI 相对基准情景而言也只上涨 0.001%和 0.120%。总体来说，即使对废气和废水排放均采取 10 元/污染当量这样较高的环境保护税税率，我国 CPI 上涨的压力也不大。

3.1.5 应征环境保护税收入测算

表 3-3 给出了 S1 情景下我国对不同污染物征收环境税的收入测算情况（此处假定征收率为 100%），对于 S2～S4 情景，由于采取了不同的环境税收入返还方式，故不在此计算其应征环境保护税收入。

表 3-3 S1 情景下我国环境保护税收入测算 单位：亿元

情景编号	环境税税率组合	对 SO_2 排放征税收入	对 NO_x 排放征税收入	对 COD 排放征税收入	对氨氮排放征税收入	合计
S1-1	SO_2 和 NO_x：1.2 元/污染当量；COD 和氨氮：1.4 元/污染当量	222.883	198.863	42.513	4.237	468.496
S1-2	SO_2 和 NO_x：3.6 元/污染当量；COD 和氨氮：4.9 元/污染当量	661.858	595.054	148.429	14.817	1 420.158
S1-3	SO_2 和 NO_x：10 元/污染当量；COD 和氨氮：10 元/污染当量	1 774.164	1 624.937	301.246	30.092	3 730.439

从表 3-3 可以看出：以 2012 年为基准，在不考虑环境税收入返还的情况下（即 S1-1、S1-2 和 S1-3 三个子情景），政府理论上可获得的环境税收入分别为 468.496

亿元、1 420.158 亿元和 3 730.439 亿元。如果按照《环境保护税法》中的环境保护税税目税额表所确定的税额，即大气污染物 1.2 元/污染当量、水污染物 1.4 元/污染当量，那么我国一年的环境保护税收入即使征收率达到 100%也只有不到 500 亿元，组织财政收入的功能十分有限，并且在如此低的税率下，对企业环境行为的调节作用也很弱，难以达到征收环境税的目的。如果按照大气污染物 3.6 元/污染当量、水污染物 4.9 元/污染当量，则在征收率 100%的前提下我国一年的环境保护税收入至少可以达到 1 400 亿元，即使征收率只有 80%一年的环境保护税收入也可以达到 1 100 亿元，该假设还没有考虑各省根据本省实际情况适当上调环境保护税税率将导致的收入增加；同时，此税率会给企业较大的经济压力从而促使其治理污染，改变其环境行为，也有利于实现设立我国环境保护税的目的。随着我国经济发展水平的提高和全社会环境意识的不断增强，未来可以考虑采取 10 元/污染当量的最低环境保护税税率标准，从而更加刺激企业加大污染治理力度，自觉减少污染排放，促进我国环境质量的改善。

3.1.6 对行业产出及价格的影响分析

表 3-4 给出了我国征收环境税时在不同的税收返还政策情景下对各行业产出水平的影响。

如果不考虑税收返还措施，征收环境保护税将对各行业的产出水平产生负面影响，但在行业整体层次上来说这种影响程度很小。模拟结果显示：“煤炭开采和洗选业”及“电力、热力的生产及供应业”是受征收环境保护税影响相对较大的行业：在税收不返还的情景下，低税率时这两个行业的产出相比基准情景而言将依次下降 0.332%和 0.280%，高税率时则将依次下降 4.186%和 3.618%。如果考虑税收返还措施，则征收环境保护税对行业产出水平的负面影响程度将显著降低，尤其是在 S2 情景下这种负面影响程度最低，并且对于部分行业如“电力、热力的生产及供应业”还可能促进其产出的增加。

表 3-5 则给出了我国征收环境税时在不同的税收返还政策情景下对各行业产出价格的影响。

表 3-4 在不同的环境保护税收返还政策情景下各行业产出水平相比基准情景的变化率

单位：%

行业名称	S1-1	S1-2	S1-3	S2-1	S2-2	S2-3	S3-1	S3-2	S3-3	S4-1	S4-2	S4-3
煤炭开采和洗选业	−0.332	−1.438	−4.186	−0.227	−0.978	−2.848	−0.240	−1.036	−3.002	−0.315	−1.363	−3.976
石油和天然气开采业	−0.027	−0.120	−0.359	−0.004	−0.014	−0.037	−0.012	−0.055	−0.162	−0.019	−0.084	−0.256
食品制造及烟草加工业	−0.084	−0.380	−1.078	−0.013	−0.048	−0.107	−0.029	−0.112	−0.262	0.034	0.140	0.427
纺织业	−0.025	−0.113	−0.319	−0.012	−0.045	−0.109	−0.013	−0.052	−0.132	−0.016	−0.075	−0.211
造纸印刷及文教体育用品制造业	−0.046	−0.213	−0.586	−0.023	−0.082	−0.181	−0.027	−0.099	−0.231	−0.026	−0.123	−0.329
石油加工、炼焦及核燃料加工业	−0.033	−0.147	−0.424	0.000	0.004	0.026	−0.022	−0.094	−0.262	−0.020	−0.090	−0.261
化学工业	−0.047	−0.210	−0.613	−0.013	−0.051	−0.135	−0.018	−0.073	−0.194	−0.032	−0.143	−0.419
非金属矿物制品业	−0.027	−0.116	−0.355	−0.006	−0.025	−0.076	−0.006	−0.026	−0.082	−0.027	−0.119	−0.364
金属冶炼及压延加工业	−0.038	−0.163	−0.494	−0.012	−0.050	−0.149	−0.011	−0.051	−0.158	−0.042	−0.181	−0.545
电力、热力的生产和供应业	−0.280	−1.208	−3.618	0.062	0.258	0.714	0.047	0.204	0.599	−0.261	−1.123	−3.380
燃气生产和供应业	−0.070	−0.309	−0.908	0.001	0.005	0.014	−0.014	−0.056	−0.139	0.040	0.174	0.492
水的生产和供应业	−0.095	−0.419	−1.236	1.118	3.860	7.708	−0.017	−0.070	−0.182	0.008	0.036	0.079
其他行业	−0.005	−0.023	−0.076	−0.004	−0.018	−0.053	−0.003	−0.012	−0.044	−0.012	−0.053	−0.165

表 3-5 在不同的环境保护税收返还政策情景下各行业产出价格相比基准情景的变化率

单位：%

行业名称	S1-1	S1-2	S1-3	S2-1	S2-2	S2-3	S3-1	S3-2	S3-3	S4-1	S4-2	S4-3
煤炭开采和洗选业	−0.075	−0.315	−0.911	−0.079	−0.349	−1.040	−0.076	−0.324	−0.955	−0.065	−0.271	−0.787
石油和天然气开采业	0.037	0.166	0.493	0.003	0.012	0.032	0.004	0.015	0.031	0.048	0.213	0.629
食品制造及烟草加工业	0.033	0.157	0.432	0.017	0.060	0.129	0.020	0.074	0.167	0.073	0.333	0.940
纺织业	0.065	0.297	0.838	0.020	0.070	0.150	0.027	0.100	0.227	0.072	0.327	0.926
造纸印刷及文教体育用品制造业	0.089	0.413	1.140	0.040	0.137	0.280	0.047	0.171	0.377	0.099	0.461	1.278
石油加工、炼焦及核燃料加工业	0.064	0.283	0.845	0.005	0.017	0.039	0.028	0.124	0.357	0.075	0.333	0.988
化学工业	0.078	0.349	1.024	0.015	0.052	0.124	0.022	0.085	0.210	0.091	0.408	1.194
非金属矿物制品业	0.166	0.726	2.196	0.009	0.038	0.120	0.017	0.073	0.207	0.172	0.751	2.269
金属冶炼及压延加工业	0.110	0.483	1.442	0.013	0.053	0.159	0.020	0.086	0.244	0.113	0.498	1.488
电力、热力的生产和供应业	0.370	1.616	4.985	0.049	0.216	0.672	0.052	0.233	0.724	0.388	1.695	5.218
燃气生产和供应业	0.011	0.051	0.165	−0.002	−0.011	−0.034	0.002	0.009	0.033	0.070	0.308	0.910
水的生产和供应业	0.051	0.224	0.696	−2.406	−7.842	−14.529	0.007	0.034	0.111	0.108	0.472	1.417
其他行业	0.042	0.187	0.551	0.003	0.010	0.026	0.009	0.037	0.092	0.043	0.193	0.569

征收环境保护税，在税收不返还的情景下，除了“煤炭开采和洗选业”价格将出现小幅下降外，其他各个行业的产出价格则将小幅上升，这表明在S1情景下征收环境保护税除了导致煤炭的需求下降外，其产出价格也将进一步降低，而其他各个行业由于生产成本的上升，价格将小幅上涨。在采取税收返还措施的情景下，如果是S2和S3情景，则煤炭行业的价格相比S1情景进一步降低，而其他各个行业的价格上升幅度相比S1情景则有所减缓，并且在S2情景下对“燃气生产和供应业”和“水的生产和供应业”这两个行业的价格影响由正转负，即这两个行业将出现产出水平上升而产出价格下降的情况。在S4情景即将环境保护税收入返还给居民户的情景下，除了“燃气生产和供应业”外，其他各个行业的产出价格相比S1情景增幅更大，而“燃气生产和供应业”的产出价格下降幅度相比S1情景则有所减缓。

3.1.7 主要发现

征收环境税对我国GDP将产生一定影响，但影响程度很小；如果征收环境保护税的同时考虑生产环节中其他税收的等额减免，则征收环境保护税对GDP的影响更小，其中尤其以对各生产部门征收环境税的同时等额减免其生产环节税收的方式所产生的影响最小；即使对废气和废水排放均采取10元/污染当量这样的较高环境保护税税率，对我国的宏观经济所造成的影响也不显著。

征收环境税将导致我国CPI小幅上涨，但上涨幅度很有限。如果征收环境保护税的同时考虑生产环节中其他税收的等额减免，则CPI相比基准情景而言的上涨幅度将显著降低，其中尤其以对各生产部门征收环境保护税的同时等额减免其生产环节税收的方式对CPI的推高作用最低。总体来说，即使对废气和废水排放均采取10元/污染当量这种较高的环境保护税税率，我国CPI上涨的压力也不大。

对于不考虑税收返还措施的情景，征收环境保护税将对各行业的产出水平产生负面影响，但在行业整体层次上影响程度不大，其中“煤炭开采和洗选业”及“电力、热力的生产及供应业”是受征收环境保护税影响相对较大的行业。如果考虑税收返还措施，则征收环境保护税对行业产出水平的负面影响程度将进一步降低。同时，征收环境保护税，在税收不返还的情景下，除了"煤炭开采和洗选业"需求下降的同时产出价格也下降外，其他行业由于生产成本的上升价格将小幅上涨。在采取税收返还措施的情景下，如果是对产业部门生产环节的税收减免，则总体上各个行业价格上升的幅度相比税收不返还情景而言有所减缓，如果是返还给居民户，则各个行业的产出价格相比不返还情景而言增幅更大。

3.2　我国环境保护税收入规模及分布特点[①]

本节对 2012 年和 2013 年全国各地区、重点污染行业应征环境保护税额进行测算，其中污染排放量数据来源于《中国环境年鉴》以及《中国环境统计年鉴》，所选时间节点为 2012 年、2013 年和 2014 年。参照《关于调整排污费征收标准等有关问题的通知（2014）》，我国从 2014 年年底对废气、废水污染排放的最低收费标准提升了一倍，废气和废水排污费分别由原来的 0.6 元/污染当量和 0.7 元/污染当量提升到了 1.2 元/污染当量和 1.4 元/污染当量。同时，参照《中华人民共和国环境保护税法》中的环境保护税税目税额表中的下限（大气污染物 1.2 元/污染当量、水污染物 1.4 元/污染当量），本研究测算所用低税率情景设置为对废气和废水排放分别征收 1.2 元/污染当量和 1.4 元/污染当量的环境保护税，即表 3-6 中的情景 A。中税率情景依据王金南等[②]2014 年提出的排污费标准，废水每污染当量价格为 2.46 元（本研究中近似设定为 2.5 元），废气每污染当量价格为 2.1 元，对应表 3-6 中的情景 B。考虑我国已经有部分地区使用了远高于情景 A 和情景 B 的征收标准，比如北京市当前的环保税率为 12～14 元/污染当量，天津市则为 10～12 元/污染当量。因此，这里的情景 C 在情景 B 的基础上提升了一倍左右，将高标准废水、废气的环境保护税征收税率分别设定为每单位污染当量价格为 4.7 元和

① 限于开展研究时只能得到 2013 年之前的数据，本节以后的分析均据此展开，尽管数据不是最新数据，但结论依然具有参考价值。

② 王金南、龙凤、葛察忠等：《排污费标准调整与排污收费制度改革方向》，载于《环境保护》2014 年第 19 期，第 37～39 页。

4.6 元，对应表 3-6 中的情景 C。通过将污染排放量数据转换为污染当量值，可以计算出我国废水和废气排放应征环境保护税的收入情况。

表 3-6 测算所设定的环境保护税情景

情景	废水税率/（元/污染当量）	废气税率/（元/污染当量）
A	1.4	1.2
B	2.5	2.1
C	4.7	4.6

其中，大气污染物、水污染物的污染当量数按下式计算：

$$某污染物的污染当量数=\frac{该污染物的排放量（kg）}{该污染物的排放当量值（kg）}$$

各类污染物污染当量值换算方法来源于 2003 年国家发改委发布的《排污费征收标准及计算方法》，这里仅列出 9 种常见污染物的污染当量值，如表 3-7 所示，本书中涉及的污染物均涵盖其中。

表 3-7 9 种常见污染物的污染当量值

污染物	污染当量值/kg
COD	1
氨氮	0.8
石油类	0.1
挥发酚	0.08
氰化物	0.05
SO_2	0.95
氮氧化物	0.95
工业烟尘	2.18
一般性粉尘	4

3.2.1 2012—2013 年我国应征环境保护税收入测算

根据环保部环境监察局发布的《2000—2012 年各地区排污费征收情况统计表》

和《中国环境年鉴 2014》，2012 年和 2013 年我国实际征收的排污费分别为 202.20 亿元和为 209.33 亿元。首先从全国层面上对 2012—2013 年我国应征环境保护税的税额进行测算，再与当年实际征收的排污费进行比较。

在环境保护税收入测算中，我们参照《中华人民共和国环境保护税法》，特别考虑了对污染因子的选择与处理。具体来说，此处采用两种测算方式：第一种是 2 项水污染因子（COD 和氨氮）加 2 项大气污染因子（二氧化硫和氮氧化物）（后文中简称为“2+2”因子）测算，第二种是 5 项水污染因子（在第一种的基础上增加石油、挥发酚和氰化物）和 4 项大气污染因子（在第一种的基础上增加粉尘和烟尘）（后文中简称为“5+4”因子）测算方式。其中，除了烟尘和粉尘以外，上述污染物全国层面上的工业排放量数据可以从统计年鉴中直接获得。对于工业烟尘和粉尘排放量，我国从 2011 年开始将二者合并公布，然而前者的污染当量值为 2.18，后者的污染当量值为 4。为便于计算，本书使用 2010 年我国工业烟尘和粉尘排放量的比例，对 2012 年工业烟尘、粉尘排放量数据进行同比例分拆，最终求得两者的污染当量数。

获得各类污染物的污染当量数后，再乘以表 3-6 中设置的低、中、高税率情景，可以得到 2012 年和 2013 年不同税率情景下的全国应征环境保护税额，并与当年实际征收排污费比较，具体结果如表 3-8 和图 3-3 所示。

表 3-8　2012—2013 年全国应征环境保护税收入规模测算　　单位：亿元

不同情景下全国应征环境保护税		“2+2”因子测算			“5+4”因子测算		
		废水	废气	总计	废水	废气	总计
2012 年	低税率	52.0	450.9	502.9	54.8	496.6	551.4
	中税率	92.9	789.1	882.0	97.8	869.0	966.8
	高税率	174.6	1 728.5	1 903.1	183.9	1 903.5	2 087.4
2013 年	低税率	49.0	427.1	476.1	51.9	475.6	527.5
	中税率	87.6	747.3	834.9	92.6	832.3	924.9
	高税率	164.6	1 637.0	1 801.6	174.1	1 823.2	1 997.3

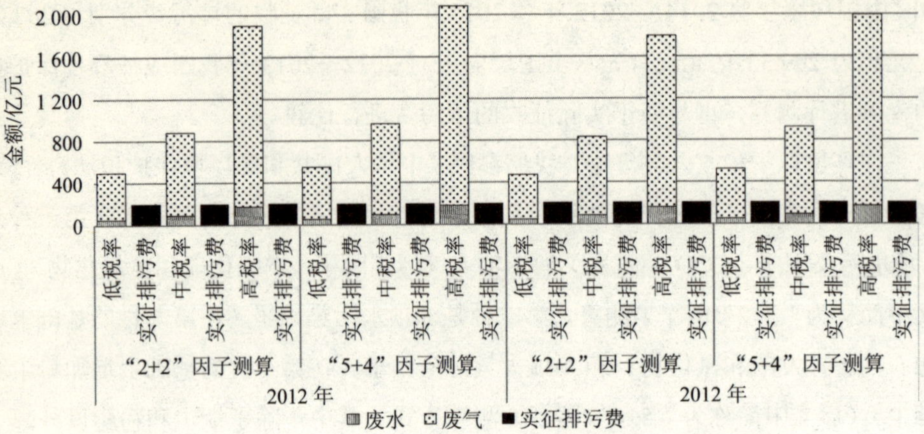

图 3-3　2012—2013 年全国应征环境保护税与实征排污费比较

从总体的税收收入结构来看，对废气计征的环境保护税（图 3-3 中深灰色部分）要远高于对废水计征的环境保护税（图 3-3 中黑色部分），2012 年和 2013 年所有税率情景下废气排放应征环境保护税占据了当年废气和废水排放应征环境保护税税收总额的 90%左右。因此，在未来环境保护税征收工作中，对废气污染物排放应给予重点关注。

上述结果同时指出，相比 2012 年和 2013 年实际征收的排污费而言，我国实施环境保护税后存在较大的税收收入增长空间：在低、中、高环境保护税税率情景下，2012 年我国按"2+2"因子测算的应征环境保护税依次约为当年实收排污费的 2.5 倍、4.4 倍和 9.4 倍，而按"5+4"因子测算的应征环境保护税则依次约为当年实收排污费的 2.7 倍、4.8 倍和 10.3 倍；2013 年我国按"2+2"因子测算的应征环境保护税依次约为当年实收排污费的 2.3 倍、4.0 倍和 8.6 倍，而按"5+4"因子测算的应征环境保护税则依次约为当年实收排污费的 2.5 倍、4.4 倍和 9.5 倍。需要说明的是，2013 年我国绝大部分省份依然采用废水 0.7 元/污染当量和废气 0.6 元/污染当量的排污费征收标准，导致现在按照新的环境税税率标准测算的税收收入增加较多。

从“2+2”和“5+4”两种因子测算方式的结果来看，在增加了 3 种应税水污染物和 2 种应税大气污染物以后，“5+4”因子应征环境保护税相比“2+2”因子而言增加幅度仅为 10%左右，表明尽管增加另外几种污染因子可以使环境保护税税目得到扩展，但环境保护税收入增加并不明显，而增加这些污染因子会带来环境保护税征收成本的上升，该问题在环境保护税税目设计中需要加以考虑。在环境保护税征收初期，考虑征管效率和征收效果，可以暂时沿用目前排污费征收所采用的污染物种类进行计税，等环境税征收体系运行一段时间步入正轨后再将更多的污染物纳入。

3.2.2　2012—2013 年我国重点污染行业应征环境保护税收入测算

在重点污染行业应征环境保护税测算中，本书以《中国环境统计年鉴 2013》和《中国环境统计年鉴 2014》中我国 2012 年和 2013 年各行业工业污染排放量数据为基础，计算出各行业污染排放的污染当量数以及占全国总的工业污染排放污染当量数的比例，识别全国重点水污染行业和重点大气污染行业。

根据图 3-4，本书选取大气污染物排放重点行业包括以下 5 个行业：“电力、热力生产和供应业”“非金属矿物制品业”“黑色金属冶炼及压延加工业”“化学原料和化学制品制造业”“有色金属冶炼及压延加工业” 5 个行业 2012 年大气污染物计税排放污染当量占当年排放总污染当量的 82%左右。同时，本书选取水污染物排放重点行业包括以下个 8 个行业：“造纸及纸制品业”“农副食品加工业”“化学原料和化学制品制造业”“纺织业”“酒、饮料喝精制茶制造业”“化学纤维制造业”“煤炭开采和洗选业”“食品制造业”8 个行业 2012 年水污染物计税排放污染当量占当年排放总污染当量的 77%左右。

2012年大气污染物

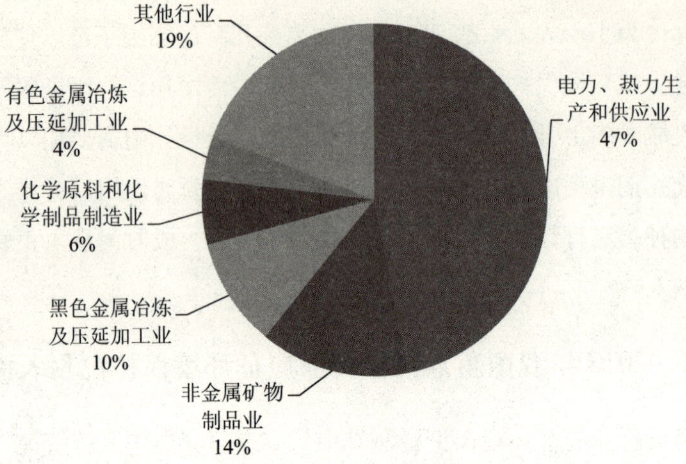

2012年水污染物

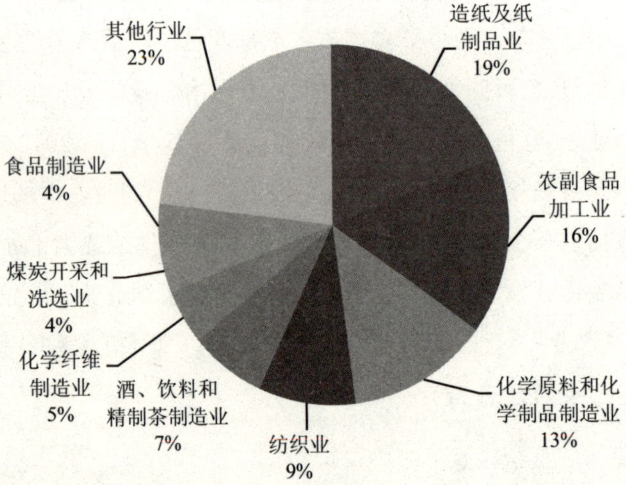

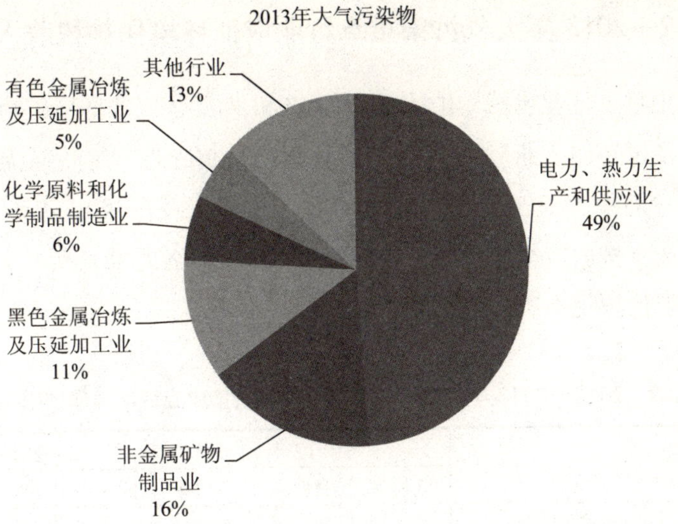

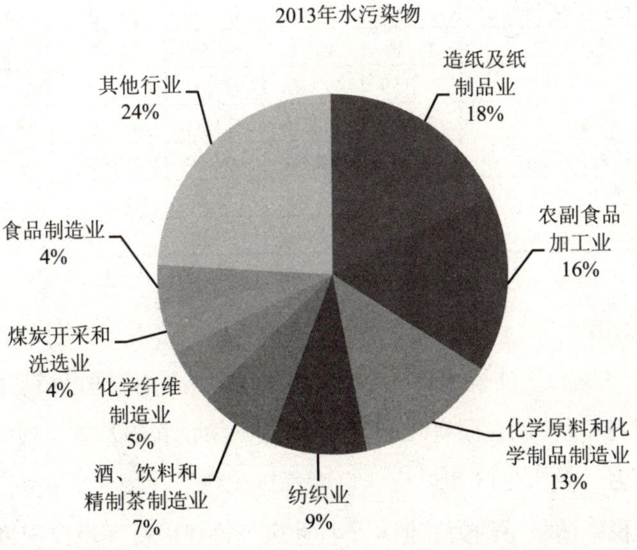

图 3-4　2012—2013 年我国各行业大气及水污染物排放量占比情况

3.2.3 2012—2013 年大气污染重点行业应征环境保护税收入测算

大气污染重点行业包括“电力、热力生产和供应业”“非金属矿物制品业”“黑色金属冶炼及压延加工业”“化学原料和化学制品制造业”“有色金属冶炼及压延加工业” 5 个行业。表 3-9 和图 3-5 给出了这 5 个行业在 2012 年和 2013 年不同税率情景下废气排放应征环境保护税税额，以及上述各行业在所有工业行业废气排放应征环境保护税中所占的比例。

表 3-9 2012—2013 年大气污染重点行业废气排放应征环境保护税 单位：亿元

	行业	2012 年			2013 年		
		低税率	中税率	高税率	低税率	中税率	高税率
2 因子测算	电力、热力生产和供应业	229.36	401.38	879.21	204.32	357.56	783.23
	非金属矿物制品业	59.87	104.78	229.52	59.07	103.38	226.45
	黑色金属冶炼及压延加工业	42.67	74.67	163.56	42.30	74.02	162.14
	化学原料和化学制品制造业	22.27	38.98	85.39	23.10	40.43	88.55
	有色金属冶炼及压延加工业	17.36	30.38	66.55	18.78	32.87	71.99
4 因子测算	电力、热力生产和供应业	241.59	422.78	927.63	219.16	383.53	841.78
	非金属矿物制品业	70.49	123.36	271.81	73.18	128.07	282.17
	黑色金属冶炼及压延加工业	49.81	87.17	194.79	49.63	86.85	193.72
	化学原料和化学制品制造业	25.12	43.97	116.10	26.03	45.56	119.00
	有色金属冶炼及压延加工业	18.79	32.88	74.20	20.20	35.35	79.48

表 3-9 分别给出了“2 因子（二氧化硫、氮氧化物）”和“4 因子（二氧化硫、碳氧化物、烟尘、粉尘）”计税方式的测算结果。数据显示：通过增加对烟尘、粉尘排放征收环境保护税可以在原有 2 因子环境保护税收入的基础上增加了 12%～18%；同时，“电力、热力生产和供应业”废气排放应征环境保护税额明显高于其他 4 个行业，在低税率情景下约为其他 4 个行业废气排放应征环境保护税总额的 1.8 倍，在高税率情景下也能达到 1.6 倍。结果表明：“电力、热力的生产和供应业”是我国环境保护税征收的第一大税源行业，需要予以重点关注。另外，2013 年与 2012 年相比，“电力、热力生产和供应业”和“黑色金属冶炼及压延加工业”的废气排

放应征环境税有所减少，表明这两个行业的污染排放量有所下降，但绝对量仍不容小觑；而“化学原料和化学制品制造业”和“有色金属冶炼及压延加工业”这两个行业废气排放量上升导致其废气排放应征环境保护税额有所增加。

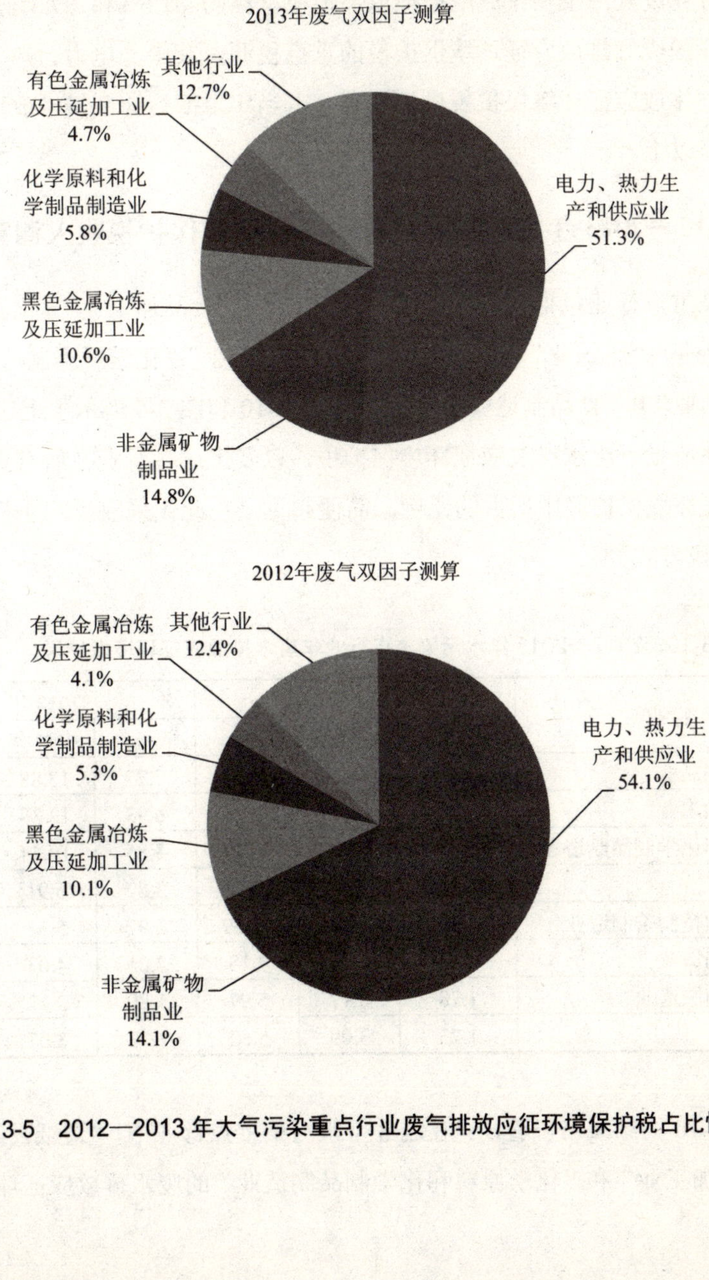

图 3-5　2012—2013 年大气污染重点行业废气排放应征环境保护税占比情况

图 3-5 是采用“2 因子”计税方式测算出的 2012—2013 年大气污染重点行业废气排放应征环境保护税所占比例。我们可以发现，在“2 因子”计税方式下，2012 年和 2013 年 5 个废气排放重点行业的废气污染排放应征环境保护税分别占当年全部行业废气污染物排放应征环境保护税总额的 87.6%和 87.3%，表明这 5 个行业是我国废气排放应征环境保护税的重点税源，其中“电力、热力生产和供应业”废气排放应征环境保护税最为显著，占当年全部行业废气排放环境保护税总额的一半以上。

3.2.4 2012—2013 年水污染重点行业应征环境保护税收入测算

水污染重点行业包括“造纸及纸制品业”“农副食品加工业”“化学原料和化学制品制造业”“纺织业”“酒、饮料和精制茶制造业”“化学纤维制造业”“煤炭开采和洗选业”和“食品制造业”8 个行业。表 3-10 和图 3-6 展示了上述行业 2012 年不同税率情景下废水排放应征环境保护税，以及上述各行业在所有工业行业废水排放应征环境保护税中所占的比例。简便起见，在此仅采取“2 因子（COD 和氨氮）”计税方式。

表 3-10 2012—2013 年水污染重点行业年废水排放应征环境保护税 单位：亿元

行业	2012 年			2013 年		
	低税率	中税率	高税率	低税率	中税率	高税率
造纸及纸制品业	9.09	16.23	30.51	7.77	13.88	26.10
农副食品加工业	7.48	13.36	25.12	6.93	12.38	23.27
化学原料和化学制品制造业	6.02	10.75	20.22	5.85	10.44	19.62
纺织业	4.22	7.54	14.18	3.87	6.91	13.00
酒、饮料和精制茶制造业	3.45	6.17	11.59	2.97	5.31	9.98
化学纤维制造业	2.12	3.79	7.13	2.25	4.03	7.57
煤炭开采和洗选业	1.78	3.17	5.97	1.80	3.22	6.05
食品制造业	1.73	3.09	5.82	1.72	3.07	5.78

从表 3-10 的结果可以看出：在这 8 个水污染重点行业中，“造纸及纸制品业”“农副食品加工业”和“化学原料和化学制品制造业”的废水排放应征环境保护税

额居前 3 位；总体来看，我国各行业废水排放应征环境保护税总额要明显小于各行业废气排放应征环境保护税总额；与 2012 年相比，除了“化学纤维制造业”和“煤炭开采和洗选业”外，其他 6 个水污染重点行业在 2013 年废水排放应征环境保护税均有所减少，说明这 6 个行业的污水排放量有所下降。

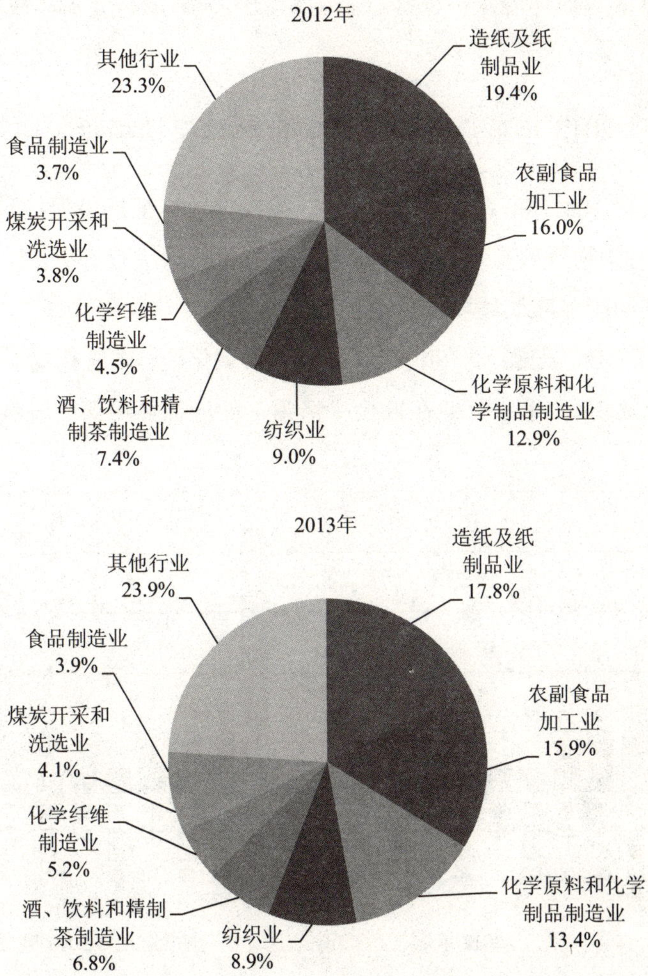

图 3-6　2012—2013 年水污染重点行业废水排放应征环境保护税占比情况

尽管废水排放环境保护税相比废气而言要少，但从保护水体环境质量这一目的而言，对废水排放依法征收环境保护税依然必要。

如图 3-6 所示，2012 年和 2013 年我国对这 8 个重点行业废水排放应征环境保护税分别占当年全部行业废水排放应征环境保护税总额的 76.7%和 76.1%。其中，“造纸及纸制品业”“农副食品加工业”和“化学原料和化学制品制造业”3 个行业废水排放应征环境保护税接近全国总额的一半，是废水排放环境保护税的主要税源。

3.2.5 2012—2013 年重点污染行业应征环境保护税收入测算

本节将结合上面对重点污染行业废水、废气排放应征环境保护税的测算结果，对上述 12 个污染物排放重点行业应征环境保护税总额进行分析。基于以上两节对各个行业废气和废水应征环境保护税额的测算结果，这里仅选择“2+4”因子（水污染 2 因子：COD、氨氮；大气污染 4 因子：二氧化硫、碳氧化物、烟尘、粉尘）测算方式计算这 12 个重点行业在低税率情景下的应征环境保护税额（图 3-7）。

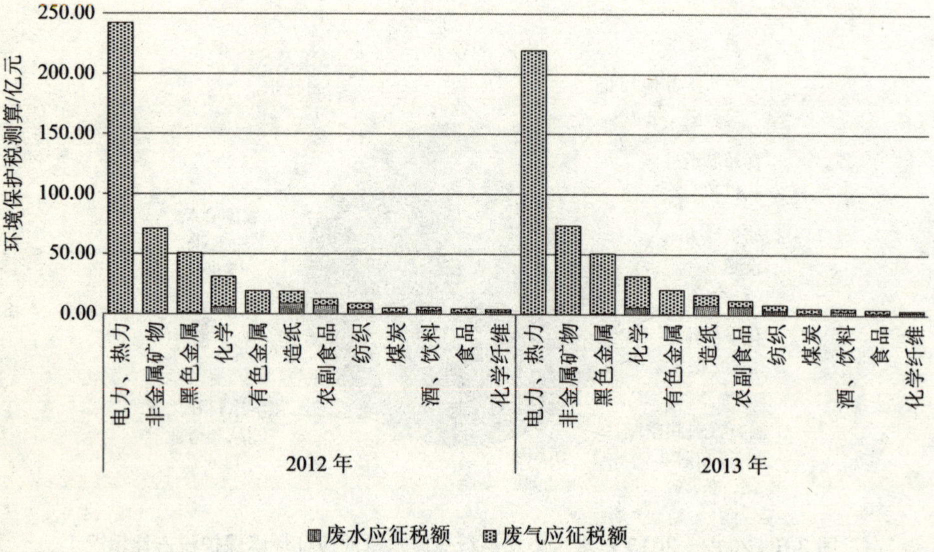

图 3-7 2012—2013 年低税率下重点污染行业应征环境保护税

2012 年和 2013 年在所有重点污染行业中，“电力、热力的生产和供应业”应征环境保护税税额最高。低税率情景下，2012 年和 2013 年该行业应征环境保护税分别达到 242.06 亿元和 219.67 亿元，且主要由对废气排放计征的税额组成；其他 11 个重点污染行业 2012 年和 2013 年的应征环境保护税总额分别为 233.07 亿元和 233.84 亿元。测算表明：“电力、热力的生产和供应业”作为我国环境保护税的最大税源，是环境保护税开征后需要重点关注的行业。

3.2.6　2012—2013 年我国 31 个省份应征环境保护税收入测算

全国 31 个省份的工业污染物排放数据源于《中国环境年鉴 2013》《中国环境统计年鉴 2013》《中国环境年鉴 2014》和《中国环境统计年鉴 2014》。在此，本书根据《环境保护税法》中规定的《应税污染物和当量值表》的各污染因子当量值将各省份工业污染排放量转换为污染当量数，再按照“2+2”因子测算方式计算 2012—2013 年低、中、高环境税率下各省份应征的环境保护税并进行排序。

2012 年的计算结果见表 3-11。

表 3-11　2012 年全国 31 个省份应征环境保护税测算　　单位：亿元

编号	地区	低税率	中税率	高税率	当年实征排污费
1	山东	37.28	65.32	141.90	16.18
2	河北	33.70	59.08	127.78	16.95
3	内蒙古	31.64	55.42	120.57	12.44
4	河南	30.90	54.17	117.15	11.18
5	江苏	29.96	52.56	113.17	20.10
6	山西	28.46	49.85	108.44	13.66
7	广东	23.57	41.37	88.62	9.01
8	辽宁	23.31	40.85	88.61	14.07
9	陕西	18.60	32.61	70.58	5.60
10	浙江	18.55	32.56	69.76	9.52
11	新疆	18.10	31.78	68.06	5.26
12	贵州	17.34	30.38	66.01	5.17
13	四川	17.33	30.38	65.58	5.96
14	安徽	16.08	28.20	60.99	5.85

编号	地区	低税率	中税率	高税率	当年实征排污费
15	湖南	15.41	27.05	57.85	6.20
16	湖北	14.65	25.72	55.14	4.21
17	云南	14.55	25.55	54.61	3.64
18	广西	13.27	23.32	49.45	3.17
19	江西	13.01	22.82	49.11	8.43
20	黑龙江	12.57	22.06	47.50	4.73
21	甘肃	11.92	20.91	44.94	2.40
22	宁夏	11.27	19.78	42.42	2.18
23	重庆	10.62	18.61	40.35	3.79
24	吉林	10.49	18.40	39.66	3.64
25	福建	10.40	18.24	39.19	3.34
26	天津	6.63	11.62	25.22	2.09
27	上海	6.45	11.30	24.52	1.90
28	青海	3.36	5.91	12.60	0.73
29	北京	1.92	3.37	7.32	0.34
30	海南	1.52	2.66	5.72	0.36
31	西藏	0.08	0.14	0.31	0.10
	全国	502.94	881.99	1 903.13	202.20

按照测算所得应征环境保护税税额由高到低进行排序，本书选取了2012年应征环境保护税额前10名的地区作为环境保护税收入的重点税源地，依次为：山东、河北、内蒙古、河南、江苏、山西、广东、辽宁、陕西、浙江，并将其与环保部公布的2012年各地实征排污费进行比较，具体结果如图3-8所示。

从2012年各省份实际缴纳的排污费金额来看，江苏省最高为20.1亿元，紧随其后的依次是河北、山东、辽宁和山西。从实缴排污费占应征环境保护税的比例来看，居前三位的依次是江苏、山西和辽宁。在低税率情景下，上述10个环境保护税重点税源地应征环境保护税税额与实征排污费相比会有 50%～280%的增加。按照当前的排污数据，开征环境保护税后应征税额最高的是山东省，其2012年应征环境保护税为37.28亿元，是当年实征排污费的2.30倍。而应征环境保护税相比实征排污费增幅最大的是陕西省，其2012年应征环境保护税为18.60亿元，是当年实征排污费的3.32倍。

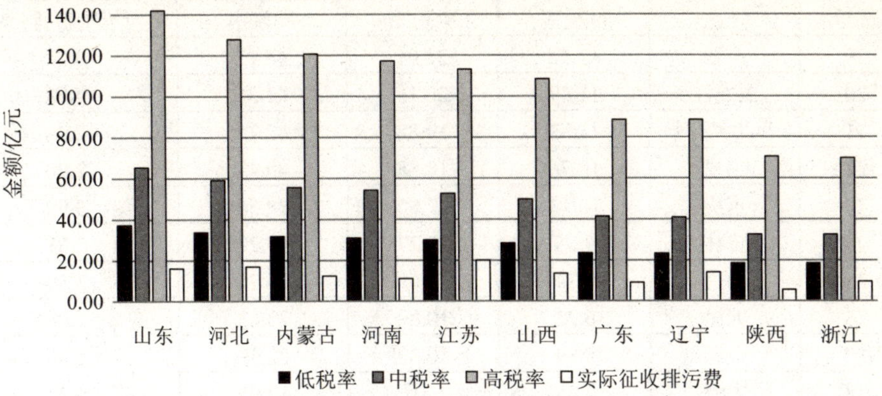

图 3-8　2012 年前 10 个省份应征环境保护税与实征排污费的比较

分析 2013 年我国 31 个省份应征环境保护税的测算结果，见表 3-12。

表 3-12　2013 年全国 31 个省份应征环境保护税收入测算　　单位：亿元

编号	地区	低税率	中税率	高税率	当年实征排污费
1	山东	35.09	61.49	133.55	16.71
2	河北	31.48	55.18	119.38	16.67
3	内蒙古	31.06	54.40	118.34	13.04
4	河南	29.53	51.77	111.95	9.86
5	江苏	27.11	47.56	102.42	20.43
6	山西	26.56	46.52	101.21	16.05
7	广东	21.91	38.47	82.30	9.56
8	辽宁	21.78	38.17	82.87	15.15
9	新疆	19.38	34.01	72.94	7.04
10	陕西	17.39	30.48	65.95	6.22
11	浙江	17.19	30.18	64.64	8.84
12	贵州	16.43	28.78	62.52	5.32
13	四川	16.17	28.35	61.23	7.21
14	安徽	14.95	26.22	56.68	5.60
15	湖南	14.83	26.05	55.74	5.81
16	云南	14.16	24.87	53.14	3.58
17	湖北	13.76	24.15	51.78	4.33
18	江西	12.70	22.27	47.98	8.45

编号	地区	低税率	中税率	高税率	当年实征排污费
19	广西	12.52	22.01	46.77	3.28
20	黑龙江	11.49	20.16	43.35	4.98
21	甘肃	11.33	19.88	42.72	2.34
22	宁夏	10.76	18.88	40.47	2.00
23	重庆	10.16	17.80	38.56	3.99
24	吉林	9.85	17.27	37.28	3.51
25	福建	9.74	17.09	36.75	3.50
26	天津	6.22	10.89	23.63	1.88
27	上海	5.89	10.32	22.39	2.25
28	青海	3.45	6.07	12.95	0.77
29	北京	1.71	2.99	6.50	0.33
30	海南	1.44	2.52	5.41	0.45
31	西藏	0.06	0.10	0.21	0.16
	全国	476.08	834.89	1 801.61	209.33

比较 2012 年和 2013 年各省份应征环境保护税的测算结果，可以看出不同税率所带来的环境税征收额度变化不大。按照应征环境保护税由高到低进行排序，2013 年应征环境保护税额前 10 名的省份有 9 个与 2012 年一致，只有新疆挤进了第 9 名，陕西和浙江则往后顺位依次排在第 10 名和第 11 名。

2013 年各省份应征环境保护税以及实征排污费对比见图 3-9。

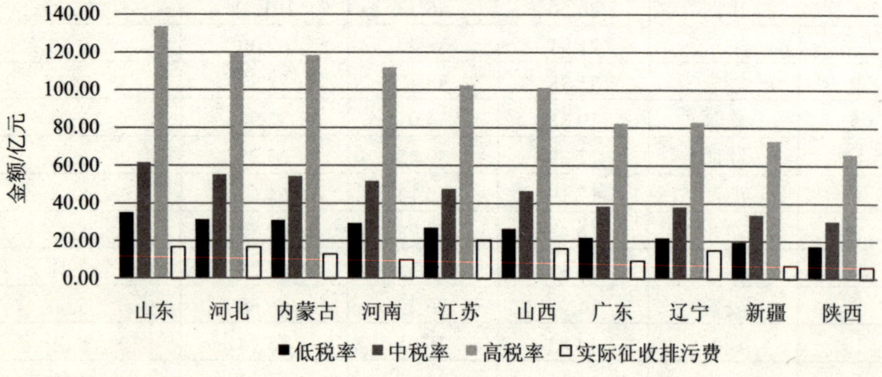

图 3-9　2013 年各省份应征环境保护税与实缴排污费比较

从 2013 年各省份实际缴纳排污费金额来看，江苏省最高为 20.4 亿元，紧随其后的依次是山东、河北、山西和辽宁。从实缴排污费占应征环境保护税的比例来看，居前三位的依次是江苏、辽宁和山西。在低税率情景下（此情景下的环境税率等于我国现行排污收费标准），上述 10 个重点税源地应征环境保护税与实征排污费相比会有 33%～200%的增加。按照当前的排污数据，开征环境保护税后应征税额最高的是山东省，其 2013 年应征环境保护税为 35.09 亿元，是当年实征排污费的 2.10 倍。而应征环境保护税相比实征排污费增幅最大的是河南省，其 2013 年应征环境保护税为 29.53 亿元，是当年实征排污费的 3.00 倍。

综合 2012 年和 2013 年的测算结果，通过对不同税率情景下应征环境保护税和实缴排污费之间的比较发现，我国主要省份在环境保护税征收之后存在较大的税收收入增长空间。

3.2.7　主要发现

基于 2012 年和 2013 年宏观统计数据测算的结果显示：在废气排放环境税率为 1.2 元/污染当量和废水排放环境税率为 1.4 元/污染当量的情况下，2012 年我国应征环境保护税收入约为 502.9 亿元（“2+2”因子）或 551.4 亿元（“5+4”因子），2013 年我国应征环境保护税收入约为 476.1 亿元（“2+2”因子）或 527.5 亿元（“5+4”因子）。2012 年和 2013 年我国实际征收的排污费分别为 202.20 亿元和为 209.33 亿元，鉴于税收的法律地位高于行政收费，在严格征管的前提下，我国实施环境保护税后相比排污费而言存在较大的收入增长空间。

从环境保护税的收入结构来看，对废气排放计征的环境保护税要远远高于对废水计征的环境保护税，基于宏观统计数据的测算结果显示，2012 年和 2013 年废气排放应征环境保护税占据了当年废气和废水排放应征环境保护税税收总额的 90%左右。从这一点来看，在环境保护税征收工作中，对废气污染物排放应给予重点关注。

从“2+2”和“5+4”两种因子测算方式的结果来看，在增加了 3 种应税水污染物和 2 种应税大气污染物以后，“5+4”因子应征环境保护税相比“2+2”因子而言增加幅度仅为10%左右，这说明尽管增加另外几种污染因子可以使环境保护税税目得到扩展，但增收效果并不明显，同时增加环境税征收成本，这一点在环境保护税税目设计中需要加以考虑。在环境保护税征收初期，考虑到征管效率和征收效果，可以暂时沿用目前排污费征收所采用的污染物种类进行计税，等环境税征收体系运行一段时间步入正轨后再将更多的污染物纳入。

基于宏观统计数据的测算结果，我国大气污染物排放的重点行业包括以下 5 个行业："电力、热力生产和供应业""非金属矿物制品业""黑色金属冶炼及压延加工业""化学原料和化学制品制造业""有色金属冶炼及压延加工业"。水污染物排放重点行业包括以下 8 个行业："造纸及纸制品业""农副食品加工业""化学原料和化学制品制造业""纺织业""酒、饮料喝精制茶制造业""化学纤维制造业""煤炭开采和洗选业""食品制造业"。

"电力、热力生产和供应业"废气排放应征环境保护税最为显著，占当年全部行业废气排放环境保护税总额的一半以上，是我国环境保护税征收的第一大税源行业。"造纸及纸制品业""农副食品加工业"和"化学原料和化学制品制造业"这三个行业废水排放应征环境保护税接近全国废水排放应征环境保护税总额的一半，是废水排放环境保护税的重要税源。

基于各省统计数据测算，我国有 10 个省份被列入环境保护税征收的重点税源地，依次为：山东、河北、内蒙古、河南、江苏、山西、广东、辽宁、陕西、浙江。综合 2012 年和 2013 年这些省份应征环境保护税和实缴排污费之间的对比情况可以发现，我国主要省份在环境保护税征收之后相比排污费而言均存在较大的收入增长空间。

3.3 我国典型地区重点污染行业中不同规模企业环境税负分析

本节选取了 5 个典型地区（3 个省：河北省、浙江省和四川省；2 个计划单列市：青岛市和深圳市），选择各典型地区重点污染行业中的大、中、小规模企业，从环境保护税收入规模、排污费缴纳情况，以及企业环境税负状况等方面展开分析。

在省份的选择上，浙江省和河北省是我国两个产业大省，前者以传统的轻工业、加工制造业为主，其中乡镇企业占其工业总产值的很大一部分；而后者的支柱行业则包括钢铁、石化、建材等重工行业。四川省则是中国西部工业门类最齐全，优势产品最多实力最强的工业基地，拥有较为平衡的轻重工业分布。在计划单列市的选取上，青岛和深圳分别作为山东省和广东省辖市，在电子信息、生物医药以及新能源、新材料产业均有突破，青岛市逐渐形成以先进制造业为支柱的城市产业结构，而高新技术产业已逐步发展成为深圳经济的第一增长点和第一大支柱产业。总体来说，这 5 个地区均拥有较多的企业数量，行业种类丰富，大中小型企业分布合理，对于研究环境保护税收入规模和企业税负状况来说具有代表性，是较为合适的研究对象。

3.3.1 典型地区 2013 年应征环境保护税收入测算

本节基于所收集到的 2013 年这五个典型地区上万家企业样本的数据，计算 2013 年这 5 个典型地区在表 3-6 中的不同税率情景下废水排放与废气排放应征环境保护税收入，并与实际缴纳的排污费进行比较。由于各地的实缴排污费并没有进行废水和废气的区分，因此我们在这里假设废水和废气的实缴排污费比例等于其应征排污费比例。具体测算结果如表 3-13 所示，图 3-10 则反映了低税率情景下各地区应征环境保护税和实缴排污费的差异。

表 3-13 基于企业样本数据的 2013 年典型地区应征环境保护税收入 单位：亿元

地区	低税率		中税率		高税率		实征排污费	
	废水	废气	废水	废气	废水	废气	废水	废气
河北省	2.58	17.33	4.61	30.33	8.67	66.43	1.51	8.46
浙江省	27.27	15.22	48.69	26.64	91.54	58.33	11.94	6.67
四川省	15.11	18.13	26.99	31.73	50.74	69.50	1.99	2.39
青岛市	0.41	0.63	0.73	1.10	2.69	2.42	0.56	0.87
深圳市	1.49	0.90	2.66	1.58	5.00	3.46	1.23	0.78

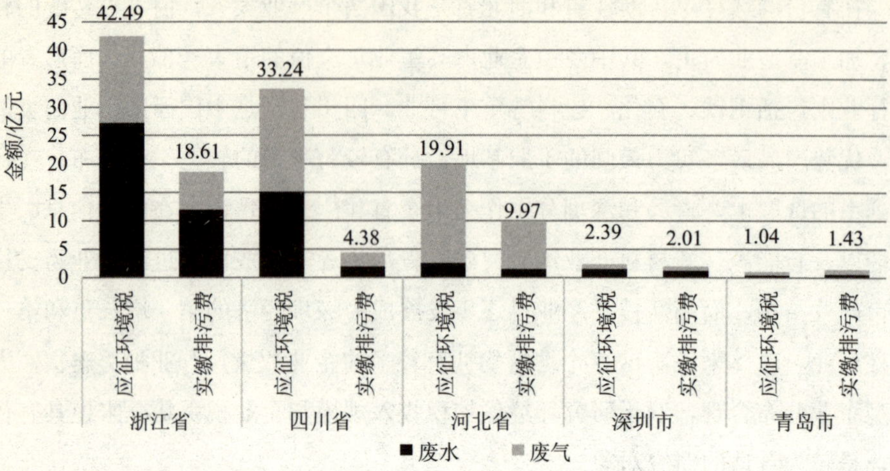

图 3-10 基于企业样本数据的 2013 年低税率情景下典型地区应征环境保护税收入与实征排污费比较

结合表 3-13 和图 3-10，从 2013 年 5 个典型地区废水和废气排放应征环境保护税的测算结果来看：在这 5 个地区中，浙江省、深圳市的废水环境保护税收入要大于废气，河北省的废气环境保护税收入远大于废水，四川省和青岛市的废水、废气环境保护税收入相当。青岛市和深圳市排污费征收状况较好，四川省排污费征收率最低，其应征环境保护税为实征排污费的 7.6 倍。综合来说，从对我国 5 个典型地区的废水和废气排放环境保护税的测算结果可以发现，我国企业的环境保护税收入具有较大增长空间。

3.3.2 典型地区重点污染行业环境保护税收入测算

我们将各地区企业的排污量数据进行分析，结合污染物当量的计算方法，将各地区每个行业的废水和废气排放污染物当量由大到小排序，识别出 5 个典型地区征收环境保护税的重点污染行业，如表 3-14 所示。表中各地区后面括号中的数字表示该地区排名前 5 位的行业排放污染物当量之和占该地区全部污染物排放当量的比例，从测算数据中不难发现，5 个典型地区这一比例均在 80%以上，因此这些重点污染行业将成为当地开征环境保护税后的重要税源。

表 3-14　基于企业样本数据的典型地区重点污染行业排序

行业排序	河北省（86.9%）	浙江省（82.5%）	四川省（89.5%）	深圳市（86.4%）	青岛市（83.3%）
1	黑色金属冶炼和压延加工业	纺织业	非金属矿物制品业	计算机、通信和其他电子设备制造业	金属制品业
2	非金属矿物制品业	电力、热力生产和供应业	化学原料和化学制品制造业	家具制造业	纺织服装、服饰业
3	电力、热力生产和供应业	水的生产和供应业	纺织业	印刷和记录媒介复制业	金属制品、机械和设备修理业
4	化学原料和化学制品制造业	有色金属冶炼和压延加工业	黑色金属冶炼和压延加工业	橡胶和塑料制品业	石油加工、炼焦和核燃料加工业
5	非金属矿采选业	化学原料和化学制品制造业	酒、饮料和精制茶制造业	电气机械和器材制造业	家具制造业

对典型地区重点污染行业应征环境保护税收入规模的测算及分析。基于企业数据得到典型地区重点污染行业的废水和废气排放量，计算低、中、高三种税率情景下每个典型地区对应的 5 个重点污染行业的应征环境保护税收入及其占当地各行业应征环境保护税收入总额的比例（表 3-15）。

表 3-15　基于企业样本数据的典型地区重点污染行业应征环境保护税收入　单位：亿元

	行业	低税率	中税率	高税率	占比/%
河北省	黑色金属冶炼和压延加工业	7.01	12.28	26.81	35.3
	非金属矿物制品业	6.93	12.16	26.30	34.9
	电力、热力生产和供应业	2.03	3.56	7.79	10.2
	化学原料和化学制品制造业	0.59	1.04	2.13	3.0
	非金属矿采选业	0.52	0.91	1.98	2.6
浙江省	纺织业	21.02	37.43	72.07	49.9
	电力、热力生产和供应业	6.57	11.51	25.14	15.6
	水的生产和供应业	3.06	5.46	10.26	7.3
	有色金属冶炼和压延加工业	2.03	3.56	7.73	4.8
	化学原料和化学制品制造业	2.15	3.82	7.56	5.1

	行业	低税率	中税率	高税率	占比/%
四川省	非金属矿物制品业	11.96	20.94	45.85	51.6
	化学原料和化学制品制造业	3.48	6.09	13.26	15.0
	纺织业	3.47	6.20	11.68	15.0
	黑色金属冶炼和压延加工业	0.93	1.62	3.55	4.0
	酒、饮料和精制茶制造业	0.76	1.35	2.58	3.3
深圳市	计算机、通信和其他电子设备制造业	0.94	1.64	3.53	39.2
	家具制造业	0.61	1.09	2.05	25.5
	印刷和记录媒介复制业	0.21	0.38	0.71	8.8
	橡胶和塑料制品业	0.16	0.28	0.55	6.6
	电气机械和器材制造业	0.14	0.25	0.47	5.9
青岛市	金属制品业	0.48	0.84	1.85	46.4
	纺织服装、服饰业	0.14	0.24	0.46	13.2
	金属制品、机械和设备修理业	0.09	0.17	0.32	9.1
	石油加工、炼焦和核燃料加工业	0.08	0.13	0.29	7.4
	家具制造业	0.07	0.00	0.07	7.2

从表 3-14 和表 3-15 中可以发现，不同地区具有不同的产业结构，对应的各行业污染物排放状况也相同。河北省的重点污染行业为大气污染较突出的传统重工业，浙江省污染行业则为化工和纺织类等水污染较突出的工业部门，四川省和青岛市则是大气污染和水污染突出的工业部门均有，深圳市的重点污染行业则以计算机、通信、印刷等行业为主。

3.3.3 典型地区重点污染行业中不同规模企业环境保护税税负分析

本部分将典型地区重点污染行业中的企业按规模进行划分，建立起典型地区税源信息数据库，并测算 5 个典型地区不同规模企业的环境保护税收入规模。

结合国家统计局关于大中型企业划分标准以及三次产业划分规定，这里按照工业企业划分标准（表 3-16），将 5 个典型地区重点污染行业符合该划分标准的工业企业纳入 3 个规模等级，即大型企业、中型企业和小型企业。

表 3-16　统计上工业大、中、小型企业划分标准

行业名称	指标	大型	中型	小型
工业	从业人员（人）	1 000 以上	[300，1 000）	[20，300）
	营业收入（万元）	40 000 以上	[2 000，40 000）	[300，2 000）

根据企业所属行业，单独列出了 5 个典型地区重点污染行业大中小规模企业的分布状况（表 3-17）。企业规模大小的划分标准为：大型、中型、小型企业须同时满足所列指标的下限，否则下划一档。划分标准中指标的选取和处理状况如下：从业人员选取年初和年末职工人数的平均值，营业收入为企业的年度数据。

表 3-17　2013 年 5 个典型地区重点污染行业企业的规模分布　　单位：家

	行业	小型企业	中型企业	大型企业
河北省	黑色金属冶炼和压延加工业	182	78	59
	非金属矿物制品业	335	69	7
	电力、热力生产和供应业	32	31	3
	化学原料和化学制品制造业	334	64	12
	非金属矿采选业	25	3	0
浙江省	纺织业	588	263	19
	电力、热力生产和供应业	74	7	2
	水的生产和供应业	5	2	0
	有色金属冶炼和压延加工业	75	14	3
	化学原料和化学制品制造业	382	53	7
四川省	非金属矿物制品业	180	48	6
	化学原料和化学制品制造业	163	39	6
	纺织业	57	23	2
	黑色金属冶炼和压延加工业	75	13	6
	酒、饮料和精制茶制造业	36	12	1
深圳市	计算机、通信和其他电子设备制造业	287	184	61
	家具制造业	41	15	1
	印刷和记录媒介复制业	51	17	2
	橡胶和塑料制品业	176	57	6
	电气机械和器材制造业	71	26	14

	行业	小型企业	中型企业	大型企业
青岛市	金属制品业	71	15	3
	纺织服装、服饰业	45	24	1
	金属制品、机械和设备修理业	3	0	0
	石油加工、炼焦和核燃料加工业	2	2	1
	家具制造业	4	14	3

从企业规模角度来说，2013 年上述 5 个典型地区重点污染行业以小型企业为主，占据了 5 个典型地区重点污染行业全部 5 442 家企业的 61.6%，其次是中型企业占 19.8%。计算得到这 5 个典型地区各重点行业不同规模企业应征环境保护税（表 3-18）。

表 3-18　5 个典型地区重点污染行业中不同规模企业应征环境保护税额　单位：亿元

地区	行业	税率	小型企业	中型企业	大型企业	总计
河北省	黑色金属冶炼和压延加工业	低税率	0.02	0.07	6.93	7.01
		中税率	0.03	0.12	12.13	12.28
		高税率	0.06	0.26	26.50	26.81
	非金属矿物制品业	低税率	5.87	0.28	0.05	6.20
		中税率	10.29	0.48	0.09	10.86
		高税率	22.22	1.06	0.19	23.47
	电力、热力生产和供应业	低税率	0.54	1.26	0.15	1.95
		中税率	0.94	2.20	0.27	3.40
		高税率	2.05	4.82	0.58	7.46
	化学原料和化学制品制造业	低税率	0.40	0.25	0.06	0.72
		中税率	0.72	0.44	0.11	1.26
		高税率	1.37	0.96	0.23	2.56
	非金属矿采选业	低税率	0.00	0.44	0.00	0.44
		中税率	0.01	0.77	0.00	0.78
		高税率	0.02	1.69	0.00	1.70
浙江省	纺织业	低税率	14.59	6.43	0.24	21.26
		中税率	25.95	11.47	0.43	37.86
		高税率	50.34	21.61	0.92	72.87
	电力、热力生产和供应业	低税率	5.44	0.57	0.31	6.32
		中税率	9.52	1.01	0.53	11.06
		高税率	20.78	2.20	1.17	24.16

地区	行业	税率	小型企业	中型企业	大型企业	总计
浙江省	水的生产和供应业	低税率	3.06	0.00	0.00	3.06
		中税率	5.46	0.00	0.00	5.46
		高税率	10.27	0.00	0.00	10.27
	有色金属冶炼和压延加工业	低税率	0.00	0.14	0.00	0.15
		中税率	0.00	0.25	0.01	0.26
		高税率	0.01	0.48	0.01	0.49
	化学原料和化学制品制造业	低税率	1.32	1.22	0.05	2.59
		中税率	2.34	2.17	0.08	4.59
		高税率	4.72	4.11	0.18	9.00
四川省	非金属矿物制品业	低税率	11.57	0.24	0.07	11.87
		中税率	20.24	0.42	0.12	20.78
		高税率	44.34	0.91	0.26	45.51
	化学原料和化学制品制造业	低税率	2.85	0.52	0.04	3.40
		中税率	4.98	0.91	0.07	5.95
		高税率	10.88	1.98	0.14	13.00
	纺织业	低税率	0.04	3.44	0.00	3.48
		中税率	0.06	6.14	0.00	6.21
		高税率	0.14	11.55	0.00	11.69
	黑色金属冶炼和压延加工业	低税率	0.85	0.00	0.07	0.93
		中税率	1.49	0.01	0.12	1.62
		高税率	3.26	0.02	0.27	3.55
	酒、饮料和精制茶制造业	低税率	0.77	0.01	0.00	0.78
		中税率	1.37	0.02	0.00	1.39
		高税率	2.60	0.05	0.00	2.64
青岛市	金属制品业	低税率	0.48	0.00	0.00	0.48
		中税率	0.84	0.00	0.00	0.84
		高税率	1.84	0.00	0.00	1.84
	纺织服装、服饰业	低税率	0.18	0.00	0.00	0.18
		中税率	0.33	0.00	0.00	0.33
		高税率	0.61	0.00	0.00	0.61
	金属制品、机械和设备修理业	低税率	0.10	0.00	0.00	0.10
		中税率	0.18	0.00	0.00	0.18
		高税率	0.34	0.00	0.00	0.34
	石油加工、炼焦和核燃料加工业	低税率	0.00	0.04	0.04	0.08
		中税率	0.00	0.06	0.07	0.14
		高税率	0.00	0.14	0.15	0.29

地区	行业	税率	小型企业	中型企业	大型企业	总计
青岛市	家具制造业	低税率	0.07	0.00	0.00	0.07
		中税率	0.13	0.00	0.00	0.13
		高税率	0.25	0.00	0.00	0.25
深圳市	计算机、通信和其他电子设备制造业	低税率	0.04	0.54	0.42	0.99
		中税率	0.06	0.94	0.74	1.74
		高税率	0.12	1.99	1.61	3.71
	家具制造业	低税率	0.80	0.00	0.00	0.80
		中税率	1.43	0.00	0.00	1.43
		高税率	2.68	0.00	0.00	2.68
	印刷和记录媒介复制业	低税率	0.29	0.00	0.00	0.29
		中税率	0.52	0.00	0.00	0.52
		高税率	0.98	0.00	0.00	0.98
	橡胶和塑料制品业	低税率	0.11	0.00	0.05	0.16
		中税率	0.20	0.00	0.08	0.28
		高税率	0.37	0.00	0.18	0.55
	电气机械和器材制造业	低税率	0.00	0.14	0.00	0.14
		中税率	0.00	0.25	0.00	0.25
		高税率	0.00	0.47	0.00	0.47

我们测算出 2013 年各典型地区重点污染行业大、中、小型企业应缴纳的环境税额，然后比较这些地区不同规模企业应征环境保护税与其当年主营业务收入和主营业务利润进行对比，分析不同规模企业所面临的环境税负担。应征环境保护税额占企业主营业务收入的比例越高，意味着环境保护税给该地区企业施以的负担越重，此时企业会倾向于减少污染物排放或是进行生产工艺的升级；而这个比例越低，则企业倾向于维持现状，不改变生产行为。除了主营业务收入之外，企业主营业务利润也是一个重要考查指标，如果企业本来就没有盈利或盈利很少，征收环境税将令企业经营更加困难，带来的负担无疑会更明显，企业将难以承受；如果企业盈利状况良好，征收环境税对于企业来说负担就较轻，企业可能承受。

下面对 5 个典型地区重点污染行业中大、中、小规模企业进行环境保护税税负分析。我们首先会展示不同税率情景下典型地区各个重点污染行业应征环境保护税总额，并且用不同颜色展示大、中、小规模企业应征环境保护税的相对比例，然后利用图表给出企业应征环境保护税占企业主营业务的比例和占企业主营业务利润的比例，据此分析不同规模企业的环境保护税负担情况。

（1）河北省

从图 3-11 可以看出，河北省排名第一的重点污染行业“黑色金属冶炼和压延加工业”应征环境保护税基本上全部来自于大型企业，而其他四个重点污染行业的应征环境保护税收来源则以中小企业为主，其中“非金属矿物制品业”和“化学原料和化学制品制造业”以小型企业为主，“电力、热力生产和供应业”和“非金属矿采选业”以中型企业为主。

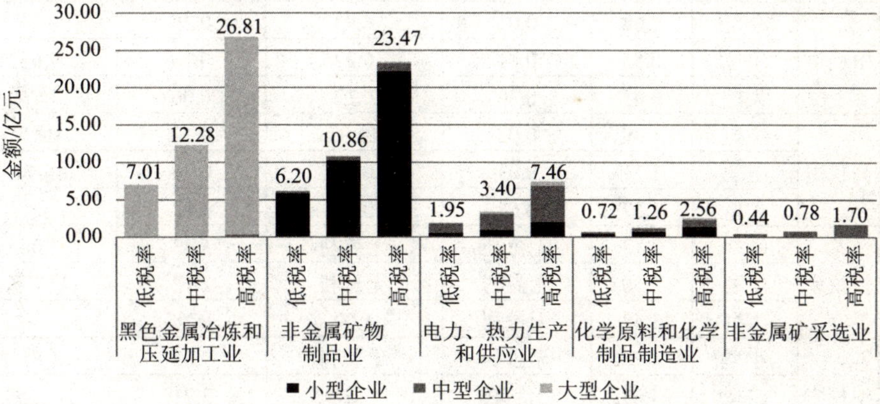

图 3-11　河北省重点污染行业不同规模企业应征环境保护税

表 3-19 则给出了不同税率情景下河北省各重点行业中不同规模企业的税负差异，通过企业应征环境保护税分别占主营业务收入和主营业务利润的比例这两个指标进行比较分析。

从表 3-19 可以看出，在低税率情景下，“非金属矿物制品业”行业中的小型企业应征环境保护税占全年主营业务收入的 3.95%。而“非金属矿采选业”中的中型企业应征环境保护税占全年主营业务收入的 4.36%，这两类企业应征环境税占主营业务收入的比例比其他行业高，由此可以推测，环境保护税的征收会给这两种类型企业带来较重税负。同时，结合各类规模企业 2013 年的盈利状况，可以发现“黑色金属冶炼和压延加工业”的全部大中小规模企业、“非金属矿物制品业”行业中的中小规模企业和“非金属矿采选业”中的中型企业利润均为负，此时征收环境保护税显然会进一步加重此类企业亏损的局面。

表 3-19　2013 年河北省重点污染行业中不同规模企业应征环境税占主营业务收入和主营业务利润的比例

单位：%

		企业规模	电力热力	黑色金属冶炼	非金属矿物制品	化学原料制品	非金属矿采选
占主营业务收入比例	低税率	小型	0.39	0.00	3.95	0.03	0.04
		中型	0.32	0.01	0.18	0.09	4.36
		大型	0.36	0.17	0.07	0.03	
	中税率	小型	0.68	0.01	6.93	0.26	0.07
		中型	0.55	0.01	0.32	0.16	7.63
		大型	0.63	0.30	0.12	0.06	
	高税率	小型	1.49	0.02	14.95	0.50	0.15
		中型	1.21	0.03	0.70	0.36	16.71
		大型	1.37	0.67	0.27	0.12	
占主营业务利润比例	低税率	小型	2.73	无盈利	无盈利	5.43	1.06
		中型	2.30	无盈利	无盈利	2.12	无盈利
		大型	3.47	无盈利	1.09	0.70	
	中税率	小型	4.78	无盈利	无盈利	9.68	1.85
		中型	4.03	无盈利	无盈利	3.71	无盈利
		大型	6.07	无盈利	1.91	1.23	
	高税率	小型	10.46	无盈利	无盈利	18.49	4.05
		中型	8.83	无盈利	无盈利	8.09	无盈利
		大型	13.29	无盈利	4.17	2.62	

注：表中没有数据的单元格表示当地没有这种规模的企业，下同。

此外，随着税率的上升，不同行业、不同规模企业之间的环境保护税税赋差距进一步加大。“非金属矿物制品业”行业中的小型企业和“非金属矿采选业”中的中型企业在高税率情景下应征环境保护税高达企业全年主营业务收入的 14.95% 和 16.71%。

对河北省而言，“化学原料和化学制品制造业”和“电力、热力的生产和供应业”这两个行业面临的环境保护税税负较低，尤其是“化学原料和化学制品制造业”中的大型企业和“电力、热力的生产和供应业”中的中型企业。而受到环境保护税冲击较大的是“黑色金属冶炼和压延加工业”中的各类规模企业以及“非金属矿物制品业”中的中小型企业和“非金属矿采选业”中的中型企业。

（2）浙江省

与河北省不同的是，浙江省全部重点污染行业应征环境保护税主要来源于中小型企业，大型企业贡献很少，这符合浙江省主要以中小型企业为主的产业特点。具体而言，“纺织业”“电力、热力生产和供应业”以及“水的生产和供应业”的应征环境保护税主要来源于小型企业，“有色金属冶炼和压延加工业”的应征环境保护税主要来自于中型企业，而“化学原料和化学制品制造业”中的小型企业和中型企业应征环境保护税税额相当（图3-12）。

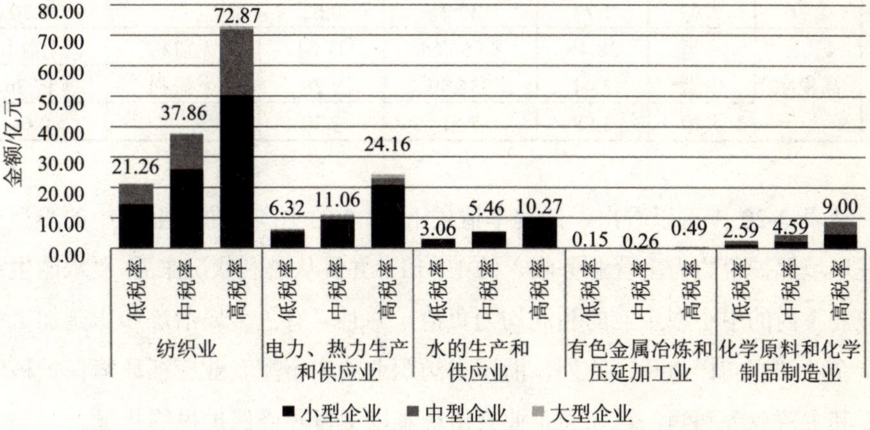

图3-12 浙江省重点污染行业不同规模企业应征环境保护税

表3-20给出了不同税率情景下浙江省各重点行业中不同规模企业的税负差异。

表 3-20　2013 年浙江省重点污染行业中不同规模企业应征环境税占主营业务收入和主营业务利润的比例

单位：%

		企业规模	电力热力	纺织业	化学化工	水的生产供应	有色金属冶炼
占主营业务收入比例	低税率	小型	1.35	3.77	0.16	183.61	0.00
		中型	0.28	1.08	0.14	0.00	0.06
		大型	0.24	0.13	0.04		0.00
	中税率	小型	2.37	6.71	0.28	327.88	0.00
		中型	0.49	1.92	0.25	0.00	0.11
		大型	0.42	0.23	0.08		0.00
	高税率	小型	5.17	13.02	0.56	616.42	0.00
		中型	1.06	3.63	0.47	0.00	0.21
		大型	0.92	0.50	0.16		0.01
占主营业务利润比例	低税率	小型	7.44	1 178.76	3.26	无盈利	无盈利
		中型	1.94	99.45	2.74	无盈利	5.16
		大型	1.01	2.01	0.35		0.17
	中税率	小型	13.03	2 096.72	5.77	无盈利	无盈利
		中型	3.40	177.55	4.90	无盈利	9.21
		大型	1.77	3.52	0.62		0.30
	高税率	小型	28.46	4 066.64	11.64	无盈利	无盈利
		中型	7.44	334.49	9.28	无盈利	17.36
		大型	3.88	7.51	1.30		0.64

从表 3-20 中可以看出，低税率情景下，“水的生产和供应业”中的小型企业应征环境保护税约为主营业务收入的 1.8 倍，并且从盈利状况来看，“水的生产与供应业”内的中小型企业的利润均为负值，并且“有色金属冶炼和压延加工业”小型企业利润同样为负，此外，浙江省纺织业的中小型企业应征环境保护税明显高于其主营业务利润，这几类企业会出现难以支付环境保护税的状况。

总体来说，对浙江省而言，“电力热力的生产与供应业”和“化学原料和化学制品制造业”中的各类规模企业，以及“纺织业”中的大型企业和“有色金属冶炼和压延加工业”中的大中型企业所面临的环境税税负较低。而受到环境保护税冲击较大的是“水的生产与供应业”内的中小型企业、“有色金属冶炼和压延加工业”内的小型企业以及“纺织业”内的中小型企业，这些企业由于主营业务利润为负或应征环境保护税明显高于其主营业务利润，会面临较大的环境保护税负担。浙江省小型企业所面临的环境保护税税负相比河北而言更大。

（3）四川省

与浙江省相似，四川省各个重点污染行业的应征环境保护税收入来源也主要是中小型企业。如图 3-13 所示，以低税率情景为例，在 5 个重点污染行业共计 20.5 亿的应征环境保护税额中，大型企业的贡献仅为 0.67 亿元。从行业内部企业规模来看，仅“纺织业”的应征环境保护税基本上全部来自中型企业，其余 4 个行业则主要来源于小型企业，并且这一点在“非金属矿物制品业”“黑色金属冶炼和压延加工业”以及“酒、饮料和精制茶制造业”中表现得尤为显著。

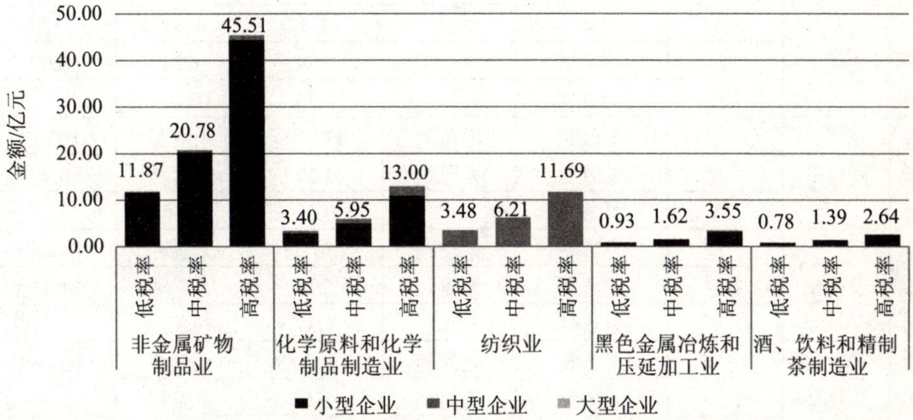

图 3-13　四川省重点污染行业不同规模企业应征环境保护税

表 3-21 给出了不同税率情景下四川省各重点行业中不同规模企业的税负差异。

从表 3-21 看出，对四川省来说，在 5 个重点污染行业中，“纺织业”和“黑色金属冶炼和压延加工业”中各类规模企业以及“化学原料和化学制品制造业”中的中小规模企业主营业务利润均为负，同时“非金属矿物制品业”和“酒、饮料和精致茶制造业”中的小型企业应征环境保护税显著高于其主营业务利润，因此这些企业面临的环境保护税税负压力很大。只有“非金属矿物制品业”中的大中型企业、“化学原料和化学制品制造业”中的大型企业和“酒、饮料和精致茶制造业”的中型企业盈利能力不错，能够承担环境保护税带来的压力。

表 3-21　2013 年四川省重点污染行业中不同规模企业应征环境税占主营业务收入和主营业务利润的比例

单位：%

		企业规模	黑色金属冶炼	纺织业	非金属矿物	化学化工	酒饮料茶
占主营业务收入比例	低税率	小型	0.91	0.16	8.20	2.24	3.51
		中型	0.01	10.67	0.19	0.32	0.03
		大型	0.02		0.09	0.04	
	中税率	小型	1.60	0.27	14.35	3.92	6.26
		中型	0.01	19.05	0.34	0.57	0.04
		大型	0.03		0.16	0.07	
	高税率	小型	3.49	0.59	31.44	8.57	11.90
		中型	0.03	35.83	0.74	1.24	0.09
		大型	0.07		0.35	0.14	
占主营业务利润比例	低税率	小型	无盈利	无盈利	433.73	无盈利	193.22
		中型	无盈利	无盈利	4.20	无盈利	0.70
		大型	无盈利		0.78	2.46	
	中税率	小型	无盈利	无盈利	759.02	无盈利	344.57
		中型	无盈利	无盈利	7.35	无盈利	1.24
		大型	无盈利		1.37	4.32	
	高税率	小型	无盈利	无盈利	1 662.59	无盈利	654.84
		中型	无盈利	无盈利	16.06	无盈利	2.64
		大型	无盈利		3.00	9.13	

（4）青岛市

从图 3-14 可以看出，青岛市各重点污染行业应征环境保护税按企业规模的分布情况：在“金属制品业”“纺织服装服务业”“金属制品、机械和设备修理业”和“家具制造业”中，应征环境保护税全部来自小型企业，而“石油加工、炼焦和核燃料加工业”的环境保护税税源则来自中型企业和大型企业。

表 3-22 给出了不同税率情景下青岛市各重点行业中不同规模企业的税负差异。

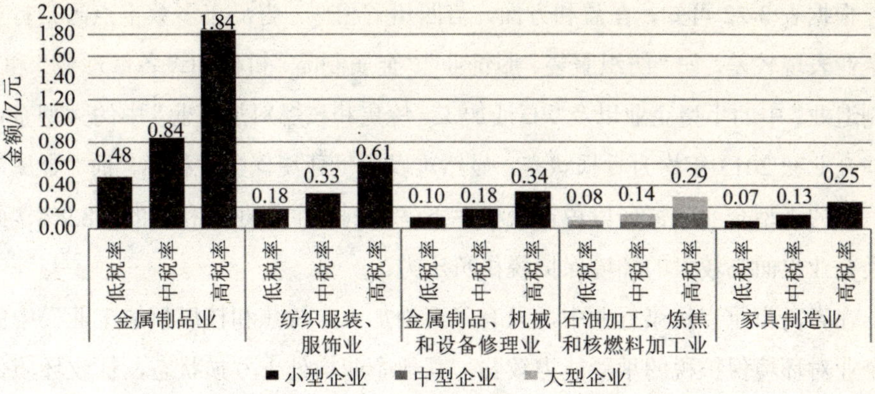

图 3-14　青岛市重点污染行业不同规模企业应征环境保护税

表 3-22　2013 年青岛市重点污染行业中不同规模企业应征环境税占主营业务收入和主营业务利润的比例

单位：%

		企业规模	金属制品设备修理	纺织服装	金属制品	石油加工	家具制造
占主营业务收入比例	低税率	小型	5.99	1.65	0.80		1.40
		中型				0.01	
		大型				0.02	
	中税率	小型	10.70	2.94	1.40		2.61
		中型				0.01	
		大型				0.04	
	高税率	小型	20.12	5.54	3.07		5.01
		中型				0.02	
		大型				0.08	
占主营业务利润比例	低税率	小型	无盈利	无盈利	38.86		无盈利
		中型				0.62	
		大型				无盈利	
	中税率	小型	无盈利	无盈利	68.01		无盈利
		中型				1.09	
		大型				无盈利	
	高税率	小型	无盈利	无盈利	148.94		无盈利
		中型				2.36	
		大型				无盈利	

根据表 3-22 可知，在盈利方面，与四川省相似，青岛市多数重点污染行业中的企业表现较差，如“纺织服装、服饰业”“金属制品、机械和设备修理业”和“家具制造业”中的小型企业以及“石油加工、炼焦和核燃料加工业”中的大型企业，这些企业在 2013 年均为亏损状态，显然难以承受环境保护税税负，而“金属制品业”中的小型企业应征环境税在低税率下就达到了主营业务利润的 38.9%，此时该类企业也面临较大的环境保护税税负压力。

在青岛市重点污染行业中，只有“石油加工、炼焦和核燃料加工业”中的中型企业对环境保护税的承受能力较强。其他企业均处于亏损状态，征收环境保护税将使得这些企业面临较大的税负压力。

（5）深圳市

深圳市重点污染行业应征环境保护税来源按企业规模分布来看各行业差异较大，具体如下：“计算机、通信和其他电子设备制造业”主要来源于中型和大型企业，“家具制造业”和“印刷和记录媒介复制业”主要来源于小型企业，“橡胶和塑料制品业”主要来源于小型和大型企业，而“电气机械和器材制造业”主要来源于中型企业（图 3-15）。

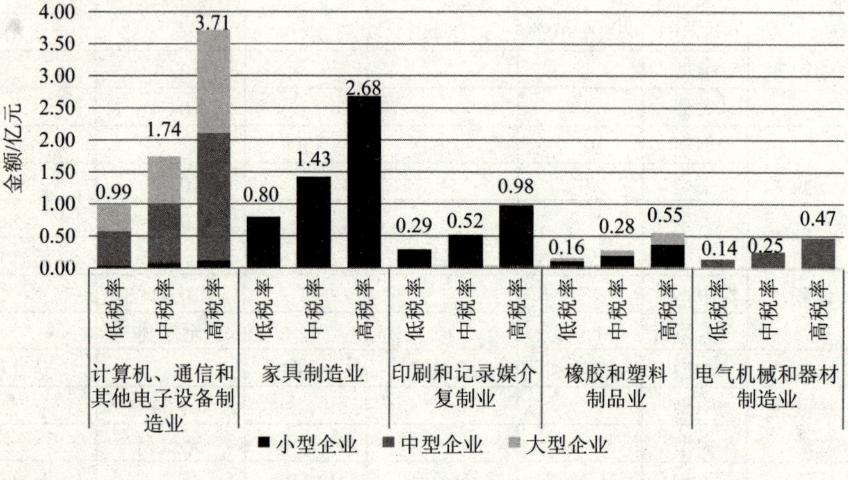

图 3-15　深圳市重点污染行业不同规模企业应征环境保护税

表 3-23 给出了不同税率情景下深圳市各重点行业中不同规模企业的税负差异。

表 3-23　2013 年深圳市重点污染行业中不同规模企业应征环境税占主营业务收入和主营业务利润的比例

单位：%

		企业规模	电气机械	计算机	家具制造	橡胶塑料	印刷媒介
占主营业务收入比例	低税率	小型		0.02	5.24	0.18	1.51
		中型	0.30	0.03			
		大型		0.06		0.10	
	中税率	小型		0.13	9.35	0.31	2.70
		中型	0.54	0.23			
		大型		0.49		0.18	
	高税率	小型		0.02	17.59	0.59	5.07
		中型	1.02	0.03			
		大型		0.06		0.38	
占主营业务利润比例	低税率	小型		1.14	无盈利	33.00	21.16
		中型	174.02	6.25			
		大型		0.68		1.12	
	中税率	小型		2.03	无盈利	58.92	37.78
		中型	310.75	11.00			
		大型		1.18		1.97	
	高税率	小型		3.83	无盈利	110.78	71.03
		中型	584.21	23.17			
		大型		2.59		4.30	

从表 3-23 可以看出，除了“家具制造业”外，深圳市其他重点污染行业内的企业应征环境保护税占主营业务收入的比例均较低。从应征环境保护税占主营业务利润的比例来看：与青岛市和四川省相比，深圳市重点污染行业企业的盈利状况要好一些，除了“家具制造业”外，其余重点污染行业内的企业均在 2013 年盈利；然而，除了“计算机、通信和其他电子设备制造业”中各类规模企业以及“橡胶和塑料制品业”中的大型企业应征环境保护税占其主营业务利润的比例较低外，其他企业这一比例都偏高，特别是“电气机械和器材制造业”内的中型企业应征

环境保护税要多于全年主营业务利润，这些企业将面临较重的环境保护税税负。

3.3.4 主要发现

对于河北省、浙江省、四川省和青岛市、深圳市5个典型地区而言，河北省的重点污染行业为大气污染较突出的传统重工业，浙江省则为化工和纺织类等水污染较突出的工业部门，四川省和青岛市则是大气污染和水污染突出的工业部门均有，深圳市的重点污染行业则以计算机、通信、印刷等行业为主。浙江省、深圳市、青岛市的废水排放应征环境保护税收入要大于废气排放应征环境保护税，而河北省和四川省则相反。另外，在排污费征收方面，深圳市的排污费征收状况最好，而四川省排污费征收率最低。

河北省排名第一的重点污染行业“黑色金属冶炼和压延加工业”应征环境保护税基本上来自大型企业，而其他四个重点污染行业的应征环境保护税收来源则以中小企业为主，其中“非金属矿物制品业”和“化学原料和化学制品制造业”以小型企业为主，“电力、热力生产和供应业”和“非金属矿采选业”以中型企业为主。对河北省而言，“化学原料和化学制品制造业”和“电力、热力的生产和供应业”这两个行业面临的环境保护税税负较低，尤其是“化学原料和化学制品制造业”中的大型企业和“电力、热力的生产和供应业”中的中型企业。而受到环境保护税冲击较大的是“黑色金属冶炼和压延加工业”中的各类规模企业以及“非金属矿物制品业”中的中小型企业和“非金属矿采选业”中的中型企业。

与河北省不同的是，浙江省全部重点污染行业应征环境保护税主要来源于中小型企业，这符合浙江省主要以中小型企业为主的产业特点。具体而言，“纺织业”“电力、热力生产和供应业”以及“水的生产和供应业”的应征环境保护税主要来源于小型企业，“有色金属冶炼和压延加工业”的应征环境保护税主要来自于中型企业，而“化学原料和化学制品制造业”中小型企业和中型企业的应征环境保护税税额相当。总体来说，对浙江省，“电力热力的生产与供应业”和“化学原料和化学制品制造业”中的各类规模企业，以及“纺织业”中的大型企业和“有色金属冶炼和压延加工业”中的大中型企业所面临的环境税税负较低。而受到环境保护税冲击较大的是“水的生产与供应业”内的中小型企业、“有色金属冶炼和压延加工业”内的小型企业以及“纺织业”内的中小型企业，这些企业由于主营业务利润为负或应征环境保护税明显高于其主营业务利润，会面临较大的环境保护税压力。相比河北省来说，浙江省小型企业所面临的环境保护税税负更大。

与浙江省相似，四川省各个重点污染行业的应征环境保护税收入来源也主要是中小型企业。从行业内部企业规模来看，仅“纺织业”的应征环境保护税基本上全部来自中型企业，其余 4 个行业则主要来源于小型企业，并且这一点在“非金属矿物制品业”“黑色金属冶炼和压延加工业”以及“酒、饮料和精制茶制造业”中表现得尤为显著。对四川省来说，在 5 个重点污染行业中，“纺织业”和“黑色金属冶炼和压延加工业”中各类规模企业以及“化学原料和化学制品制造业”中的中小规模企业主营业务利润均为负，同时“非金属矿物制品业”和“酒、饮料和精致茶制造业”中的小型企业应征环境保护税显著高于其主营业务利润，因此这些企业面临的环境保护税税负压力很大。只有“非金属矿物制品业”中的大中型企业、“化学原料和化学制品制造业”中的大型企业和“酒、饮料和精致茶制造业”的中型企业盈利能力不错，能够承担环境保护税带来的压力。

青岛市重点污染行业中的企业规模分布如下：“纺织服装、服饰业”“金属制品、机械和设备修理业”“家具制造业”和“金属制品业”基本是小型企业，而“石油加工、炼焦和核燃料加工业”则基本为大中型企业。在盈利方面，与四川省的情况相似，多数重点污染行业中的企业在盈利方面表现较差，如“纺织服装、服饰业”“金属制品、机械和设备修理业”和“家具制造业”中的小型企业以及“石油加工、炼焦和核燃料加工业”中的大型企业，这些企业在 2013 年均为亏损状态，显然难以承受环境保护税税负，而“金属制品业”中的小型企业应征环境税在低税率下就达到了主营业务利润的 38.9%，此时该类企业也面临较大的环境保护税税负风险。只有“石油加工、炼焦和核燃料加工业”中的中型企业对环境保护税的承受能力较强。其他企业均处于亏损状态，征收环境保护税将使得这些企业面临较大的税负压力。

深圳市重点污染行业应征环境保护税来源按企业规模分布来看各行业差异较大，具体如下：“计算机、通信和其他电子设备制造业”主要来自中型和大型企业，“家具制造业”和“印刷和记录媒介复制业”主要来自小型企业，“橡胶和塑料制品业”主要来自小型和大型企业，而“电气机械和器材制造业”主要来自中型企业。与青岛市和四川省相比，深圳市重点污染行业企业的盈利状况要好一些，除了“家具制造业”外，其余重点污染行业内的企业在 2013 年都有盈利；然而，这里面除了“计算机、通信和其他电子设备制造业”中各类规模企业以及“橡胶和塑料制品业”中的大型企业应征环境保护税占其主营业务利润的比例较低外，其他企业这一比例都偏高，特别是“电气机械和器材制造业”内的中型企业应征环境保护税要多于全年主营业务利润，这些企业将面临较重的环境保护税税负。

我国不同地区的重点污染行业及企业规模分布存在较大差异，在环境保护税收入主要来源对象以及各类规模企业的环境保护税税负承受能力也存在很大不同。因此，在制定环境税税率时，全国统一的环境保护税税率可能会对各地区企业产生不同的影响。在采取措施防止企业选择环境税率较低的地区建厂转移污染排放的前提下，由各省在国家确定的较低基准税率基础上根据本省特点进行适当税率上浮具有一定的合理性和必要性。此外，小型企业作为很多省市重点环境污染行业中环境保护税的主要税收来源，往往面临更大的税收负担，需要在未来环境税征收过程中予以重点关注。

第 4 章
环境保护税税额标准研究

税额标准是税收制度的核心，是计算税额的尺度（环境保护税中的税率是以污染排放量形式规定的固定征收额度，以元/污染当量、元/吨固体废物等表示，即定额税率（税额标准，单位税额，以下均称税额标准）。环境保护税税额标准是环境保护税的一个重要因素，其设计科学合理与否直接关系到环保税实施的成效性，更是企业关注的焦点。本章阐述了税额标准制定与污染物排放标准的关系、税额标准制定依据和方法，并基于调查数据样本分别测算了大气污染物、水污染物和固体废物的税额标准，测算过程和结果可以为调整税额标准提供一定参考。

4.1 税额标准与排放标准的关系

4.1.1 我国环境保护标准体系

环境保护标准是国家环境保护法律体系的重要组成部分。环境保护标准是国家为了防治环境污染，保护人民健康，促进生态良性循环，实现社会经济发展目标，根据国家的环境政策和法规，由法定机关在综合考虑本国自然环境特征、社会经济条件和科学技术水平的基础上规定环境中污染物的允许含量和污染源排放污染物的数量、浓度、时间和速率以及其他有关技术规范。

我国环境保护标准工作与国家环境保护事业同时起步。1973 年，我国发布了第一个国家环境保护标准《工业“三废”排放标准》。经过 40 多年的发展，我国已建立了门类较为完备、内容较为完善、结构较为合理、“两级五类”环境保护标准体系（图 4-1）。现行环境保护标准体系中，“两级”指国家级环境保护标准和地方级环境保护标准，“五类”即指以环境质量标准、污染物排放（控制）标准和环境监测规范等三类标准为核心，包含环境基础标准与标准制修订规范、管理规范类环境保护标准二类标准在内的国家环境保护标准体系，共 22 类（表 4-1）。同时，地方环境保护标准是我国环境保护标准体系的重要组成部分，依法在国家备案的地方环境保护标准现行标准 63 项，既有环境质量标准，也有污染物排放标准。

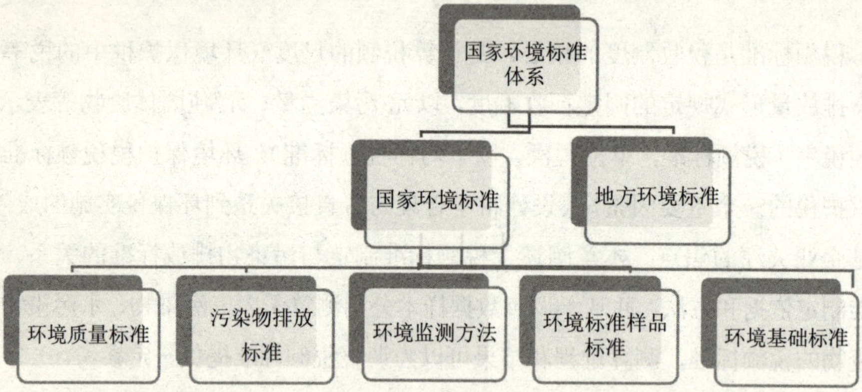

图 4-1　国家环境标准体系构成

表 4-1　我国环境标准构成

分类号	标准分类	分类号	标准分类
1	环境质量标准	12	环境保护产品标准
2	污染物排放标准	13	环保工程技术规范
3	环境监测方法标准	14	环境监测仪器标准
4	环保标准样品	15	污染物总量控制和核算技术
5	环境基础标准	16	环保信息标准
6	建设项目监督管理标准	17	标准制修订规范
7	循环经济生态工业标准	18	核与电磁辐射标准和技术规范
8	清洁生产标准	19	污染防治技术政策
9	生态环境保护标准	20	环境健康标准
10	环境监测技术规范	21	环境质量评价技术方法
11	环境标志产品标准	22	其他

资料来源：环境保护部网站。

4.1.2　排放标准与税额标准的关系

排放标准和环境保护税共同促进环境质量改善。污染物排放标准和环境保护税是控制污染的两项重要管理手段，是环境外部成本内部化的不同手段，排放标准属于命令控制手段，强制污染源达到规定的排放标准，从而达到污染控制目标；环境保护税利用经济杠杆促进污染源采取不同的措施，安装污染控制设备减少污染物排放量或缴纳环境保护税，实现环境保护目标。税额标准是环保税经济手段的核心内容，税额标准提高，污染治理成本低的企业将减少污染物排放量，反之缴税。税率高低影响企业采取不同措施控制污染物排放，过低达不到污染减排目标。

排放标准提高会影响税额标准。理论上税额标准应根据边际治理成本制定，为达到整个社会用于污染控制的费用最小，最佳税额标准为污染治理成本与污染损失相等状态下，此时的排放量是最佳控制目标。但现实中由于边际治理成本很难准确计算，通常税额标准是基于达到排放标准的平均污染治理成本制定。排放标准提高，企业治理成本也相应提高。以燃煤电厂 SO_2 治理为例，现有企业平均治理成本 4.8 元/kg，而超低排放的边际治理成本为 8.5～96.8 元/kg，随着超低排放比例的增加，全行业平均治理成本也将增加。不同的环境保护税额标准将促使企业采取不同的污染控制措施，从而达到不同的污染控制水平。

地区可调整税额标准。我国地域广阔，由于各地区环境资源条件、社会发展水平、和污染排放情况有很大不同，某些排放标准高的地区由于技术的成熟性与管理的先进性等诸多原因，污染治理成本反而较排放标准低的地区更低。因此，为了给地方在征收环保税时提供更多的灵活性和自主权，每个地区根据自身环境条件和目标，调整税额标准。地区应根据环境目标和企业污染治理措施，制定税额标准；或者根据环境保护目标，在国家税额标准基础上进行调整，根据地区污染控制目标、行业类型和地方排放标准确定。

4.2 税额标准制定方法研究

4.2.1 理论基础

庇古认为环境税收是弥补边际社会成本与边际企业成本之间的差距，二者间的差距就是环境污染引起的负外部性。如从生产的角度来看，它就是产品的边际污染成本。从经济学上讲，并非所有的污染都是削减越多越好，使用环境政策也要求费用最小化。经济学上污染排放的理想状态是：削减单位污染物所需的费用成本要小于或等于单位污染物所造成的社会损害。当污染排放的边际损害成本等于削减污染的边际治理成本，此时的污染削减量为最适度的削减量。

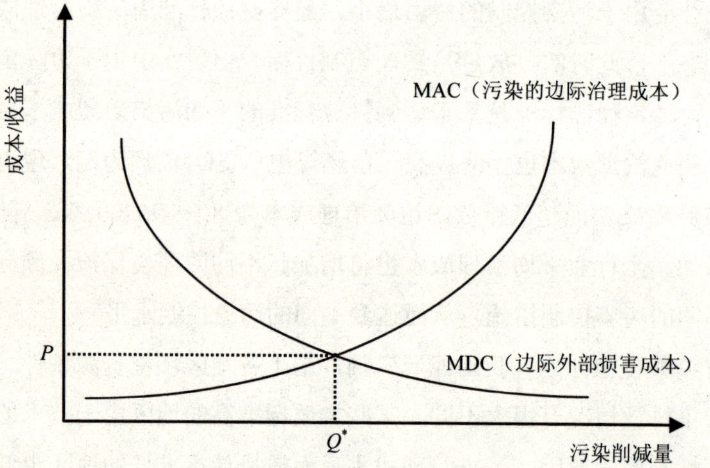

图 4-2　最适度污染削减量的确定

对于排放污染的单个经济主体，随着其削减污染数量的上升，治理单位污染物的费用也是上升的，即边际治理成本（MAC）递增；MDC 代表污染造成的边际外部损害成本，随着污染数量的增加，边际损害是递增的，反之，随着污染数量的减少（即污染削减数量的上升），边际损害成本（MDC）是递减的，如图 4-2

所示。MDC=MAC=P 时，污染削减量 Q^*为最适度的污染削减量。

税额标准制定的技术方法是研究边际处理费用（成本）和边际损失费用。鉴于我国环保税的功能是调节污染排放行为，减少污染排放，因此在确定税率标准时适合选择边际处理费用法，而在该方法中，污染物排放标准成为影响边际处理成本的重要因素。同时参照边际损失费用。

4.2.2　污染治理成本法

污染物边际处理成本递增规律告诉我们，在给定的污染物产生总量和其他条件不变的情况下，污染边际处理费用随着污染削减量的增大（或污染排放量的减少）而上升。由于征税能使每个排污者的边际处理成本最终趋于相等，即等于相应的税额标准，所以，当污染削减量或排放量的控制要求改变时，如果仍然期望通过实施征税来达到污染控制目标，那么税额标准（等于边际处理成本）也应作相应地改变或调整。实际上，这就是利用边际处理成本法制定税额标准的基本依据。

在该标准下，各污染源的污染排放或削减分配满足排放总量或削减总量要求。利用边际处理费用法制定税额标准需要解决两个问题：第一，要找到所有污染源的污染治理费用函数或边际处理费用函数；第二，需要确定污染排放或削减量在各污染源之间的分配，或者确定污染排放或削减量的分配方法。由于排污收费对象或污染源数目很大，而且存在着生产工艺、处理方法、处理污染物种类、时间和地域等方面的差异。所以，对于税额标准的制定部门来说，要得到全部污染源的边际处理费用函数是很不现实的。对于污染源之间的污染削减分配问题，其分配结果通常取决于所选择的分配原则，如区域治理费用最小、等比例削减污染以及满足排放标准等。

通常采用一种更为简便的税额标准确定方法，即直接选取企业污染处理设施样本，污染物削减量或排放量作为自变量，处理费用作为因变量，函数形式采用幂指数。在得到企业平均边际处理费用函数后，采用类似行业平均边际处理费用的方法，求得企业削减某种污染物的平均边际处理费用，以此作为该种污染物的平均收费标准。我们称这种方法为企业平均边际处理费用法。

假设根据 n 个企业污染治理样本点，通过统计回归得到企业平均污染物削减费用函数为：$CF=\alpha W^{\beta}$。式中，W 为单位时间内企业的污染物排放量，CF 为相应污染物排放量下的治理费用（包括设备折旧和直接运行费），α和β为经验估值参数。据上式得到企业的平均边际处理费用函数：$AMCF=\alpha\beta W^{\beta-1}$

4.2.3 污染损失成本法

环境保护税税额标准一般来说可以通过两种方法来制定，一是治理成本法；二是污染损害成本法。采用治理成本法制定税额标准，可以刺激企业提高污染治理水平，采用污染损害成本法制定税额标准，主要是起到补偿环境外部成本的作用，同时只有进行污染损害成本估算才能体现污染治理的效益。

在计算污染损害成本时，由于环境资源往往没有市场价值，不能直接用市场价格来计量。从经济学的角度，环境价值可由环境质量变化引起社会总福利变化来衡量。当环境质量改善时，社会的经济福利增加，反之，当环境质量恶化，产生环境损失。计算污染损害成本，需要进行专门的污染损失调查，确定污染排放对当地环境质量产生影响的货币价值，从而确定污染所造成的环境损害成本。目前污染损害成本评估方法主要包括以下几种。

（1）市场价值法

市场价值法亦称生产率下降法，是将自然环境资源作为生产因素，根据其质量的变化导致生产率和生产成本变化，进而引进生产量与利润变化这一规律，利用市场价格计算自然环境资源变化造成的产品价值损失，作为环境资产质量恶化的成本。

（2）防护费用法

防护费用法是指当某种活动有可能导致环境污染时，人们可以采取相应的措施来预防或治理环境污染。用采取上述措施所需费用来评估环境危害的方法就是防护费用法。该法适用于隔声、抗振等防护费用，消烟除尘、污水处理等治理费用，防治机构的监测、科研等管理费用的计量。

（3）恢复费用法

恢复费用法或重置成本法：假如导致环境质量恶化的环境污染或破坏无法得到有效治理，那么，就不得不用其他方式来恢复受到损害的环境，以便使原有的环境质量得以保持。将受到损害的环境质量恢复到以前状况所需要的费用就是恢复费用。恢复费用又称为重置成本，这是因为随着物价和其他因素的变动，上述恢复费用往往大大高于原来的产出品或生产要素的价格。

（4）影子工程法

影子工程法是恢复费用法的一种特殊形式，影子工程法是在环境破坏后，人造建设一个工程来替代原来的环境功能，用建造新工程的费用来估计环境污染或破坏所造成的经济损失的一种方法。

（5）机会成本法

机会成本法是指环境资源的使用存在互斥备选方案，如果选择其中一种将放弃其他使用机会，因此将放弃的其他使用方案中获得的最大经济效益作为所选方案的机会成本。计算公式为：

$$P=\sum C_i \times Q_i \tag{4-1}$$

式中：P—— 资源的价值；

C_i—— 第 i 种资源的单位机会成本；

Q_i—— 第 i 种资源的使用数量。

（6）人力资本法

人力资本法又称收入损失法，环境质量脱离环境质量标准对人类健康有着多方面的影响，这种影响不仅表现为因劳动者发病率与死亡率变化而给生产直接带来的损失或收益，而且还表现为医疗费开支的变化等，该方法就是专门评估反映在人身健康上的环境价值的计量方法。为避免重复计算，人力资本法只计算因环境质量脱离环境标准而导致的医疗费开支的变化，以及因为劳动者生病或死亡的提前或推迟而导致的个人收入变化，前者相当于因环境质量脱离环境标准而增加或减少的病人人数与每个病人的平均治疗费的乘积；后者则相当于环境质量脱离标准对劳动者预期寿命和工作年限的影响与劳动者预期收入（扣除来自非人力资本的收入）的现值的乘积。

4.3 大气污染物税额标准研究

制定大气污染物税额标准主要依据污染治理成本和污染损害成本。大气污染物治理成本书将包括测算脱硫、脱硝、和除尘的污染治理成本。

4.3.1 思路和方法

研究主要通过问卷发放获得相关原始数据，收集了解重点行业企业在大气污染物治理方面的技术经济、污染物产排及治理情况。综合运用污染物治理成本法和污染物损失成本法的测算结果，为制定大气污染物税额标准提供参考依据。

4.3.1.1 污染治理成本核算方法

（1）污染物平均成本法

大气污染物治理成本包括建设成本与运行成本两部分，其中建设成本包括设备购置费、工程建筑费、安装费、工程技术服务费等，运行成本包括脱硫剂（脱硫）、催化剂（脱硝）、材料和备件的消耗（除尘）、折旧费、年维修费、年人工费等。由建设成本和运行成本可测算出单位污染物削减成本，以下公式表示：

$$C_{建设成本}=C_{设备购置}+C_{工程建筑}+C_{安装费}+C_{工程服务费}+C_{其他} \tag{4-2}$$

$$C_{运营成本}=C_{药剂}+C_{材料和备件}+C_{折旧费}+C_{年维修费}+C_{年人工费}+C_{其他} \tag{4-3}$$

$$C_{单位建设成本}=C_{建设成本}/Q_{污染物削减量} \tag{4-4}$$

$$C_{单位运营成本}=C_{运营成本}/Q_{污染物削减量} \tag{4-5}$$

$$C_{单位总成本}=（C_{建设成本}+C_{运营成本}）/Q_{污染物削减量} \tag{4-6}$$

（2）污染物联合削减费用函数

根据《中国工业污染经济学》①，对于处理 n 种污染物的第 i 个企业的污染治理，其联合削减费用函数形式为：

$$C_i = f\left(W_i, \frac{E_{in}}{I_{in}}, M_j, X_i\right) \tag{4-7}$$

式中：C_i —— 第 i 个企业的污染物削减总费用；

M_j —— 企业 i 所在的 j 地区的成本（包括煤价、劳动力等）；

W_i —— 企业 i 的废气排放量；

X_i —— 企业 i 的特性；

E_{in} —— n 种污染物的出口浓度；

I_{in} —— n 种污染物的进口浓度。

采用二阶二级函数对费用函数进行逼近，可以得到四种形式的治理费用函数，资料显示简单的固定弹性模型能够较好地解释变量之间的关系，对模型简化表示成如下形式：

$$C_i = e^{\alpha_0} \cdot W_i^{\alpha_1} \cdot \prod_{k=1}^{n}\left(\frac{E_k}{I_k}\right)\beta_k \tag{4-8}$$

式中，α_0、α_1、β_k 为系数。

对第 i 种污染物的排放量进行偏导，即可得到指定污染物的边际处理费用函数：

$$\frac{\partial C_i}{\partial E_i} = \frac{\beta_i}{E_i} \cdot e^{\alpha_0} \cdot W_i^{\alpha_1} \cdot \prod_{k=1}^{n}\left(\frac{E_k}{I_k}\right)\beta_k \tag{4-9}$$

4.3.1.2　数据收集与处理

研究人员对全国近千家企业进行了调研，以实地考察和发放污染物治理成本调查问卷的形式。其中，脱硫有效数据 210 组、脱硝有效数据 176 组、除尘有效数据 326 组，共 712 组。具体数据收集情况如表 4-2 所示。

① 曹东：《中国工业污染经济学》，北京：中国环境科学出版社，1999 年版，第 96～97 页。

表 4-2 大气污染物治理成本数据收集情况

	有效数据	省市数量	选取技术
脱硫数据	208 组	24 个	石灰石-石膏湿法、炉内喷钙脱硫、循环流化床干法、双碱法脱硫等
脱硝数据	174 组	28 个	SCR、SNCR、低氮+SCR 等
除尘数据	316 组	25 个	电袋、静电、布袋、多管旋风除尘等

4.3.2 大气污染物治理成本核算

4.3.2.1 平均治理成本

全国脱硫治理成本调研共收集有效数据 208 组，分别来自 24 个省、直辖市、自治区，涵盖电力（72 组）、钢铁（53 组）、化工（83 组）等 4 个行业。按算术平均测算的平均单位污染物脱硫成本为 3.67 元/kg。表 4-3 列出了全国按行业及按区域划分的平均单位脱硫成本。

表 4-3 全国单位脱硫、脱硝、除尘成本 单位：元/kg

	单位脱硫成本	单位脱硝成本	单位除尘成本
按行业划分			
电力	3.09	4.18	0.29
化工	3.84	5.63	1.72
钢铁	4.52	—	0.90
水泥	—	4.53	0.17
按区域划分			
中部	3.55	4.31	0.29
东部	3.53	5.12	1.72
西部	4.01	4.40	0.90
算术平均	3.69	4.70	0.17

全国脱硝治理成本调研共收集有效数据 174 组，分别来自 28 个省、直辖市、自治区，涵盖电力（54 组）、水泥（76 组）和化工（44 组）3 个行业。按平均治理成本法测算的平均单位污染物脱硝成本为 4.77 元/kg。表 4-3 列出了全国按行业及按区域划分的平均单位脱硝成本。

全国除尘治理成本调研共收集有效问卷 316 份，分别来自 28 个省、直辖市、自治区，涵盖电力（76 组）、水泥（93 组）、钢铁（84 组）、化工（63 组）4 个行业。按平均治理成本法测算的平均单位污染物除尘成本为 0.70 元/kg。表 4-3 列出了辽宁省按行业及按工艺划分的平均单位除尘成本。

4.3.2.2　边际治理成本

根据式（4-8），大气污染物边际处理成本的函数，可以表示为

$$C_i = e^{\alpha_0} \cdot W_i^{\alpha_1} \cdot \left(\frac{E_{in}}{I_{in}}\right) \beta_i \tag{4-10}$$

式中：C_i —— 第 i 个工厂的大气污染物治理总费用；

W_i —— 工厂 i 的废气排放量；

E_{in} —— 大气污染物出口浓度；

I_{in} —— 大气污染物进口浓度。

对应的边际处理费用函数，可以表示为：

$$\frac{\partial C_i}{\partial E_i} = \frac{\beta_i}{E_i} \cdot e^{\alpha_0} \cdot W_i^{\alpha_1} \cdot \left(\frac{E_{in}}{I_{in}}\right) \beta_i \tag{4-11}$$

边际脱硫成本。根据式（4-10），结合调研数据，用 Stata 软件对样本数据进行回归，得出系数常数项为 2.369 4，α_1=0.769 5，β_i=−0.889 2，中、东、西部的 α_0 系数分别为 1.874 2，2.654 7，2.369 4。将计算出的结果代入式（4-11），得出全国平均边际脱硫成本为 5.51 元/kg。

边际脱硝成本。根据式（4-10），结合调研数据，用 Stata 软件对样本数据进行回归，得出系数常数项为 4.536 3，α_1=0.565 1，β_i=−1.985 7，中、东、西部的 α_0 系数分别为 5.002 6，4.738 7，4.536 3。将计算出的结果代入式（4-11），得出

全国平均边际脱硝成本为 6.53 元/kg。

边际除尘成本。根据式（4-10），结合调研数据，用 Stata 软件对样本数据进行回归，得出系数常数项为 2.024 3，α_1=0.781 1，β_i=−0.105 6，中、东、西部的 α_0 系数分别为 2.315 1，2.427 0，2.024 3。将计算出的结果代入式（4-11），得出全国平均边际除尘成本为 2.13 元/kg。

4.3.3 大气污染物污染损失成本核算

采用《中国绿色国民经济核算研究报告》核算结果，计算环境损害成本。2004—2012 年水环境退化成本核算和废水排放变化情况估算，环境损害成本函数。以 SO_2、烟尘、粉尘和 NO_x 的排放量及其污染当量值计算，大气污染物平均环境损害成本为 4.59 元/污染当量。后续几年环境退化成本逐年增加，平均单位损害成本也在增加，大气污染物增加明显，主要是因为二氧化硫和烟粉尘排放量下降，而环境质量未得到改善，2013 年平均损害成本约 11 元/污染当量。

4.3.4 大气污染物排放税率制定

根据大气污染物治理成本核算，全国二氧化硫、氮氧化物、烟尘的平均污染物治理成本分别为 3.69 元/kg、4.70 元/kg、和 0.70 元/kg，污染物边际治理成本分别为 5.51 元/kg、6.53 元/kg 和 2.13 元/kg。结合现行大气污染物排污费征收标准中规定的二氧化硫、氮氧化物、烟尘的污染当量值分别为 0.95 kg、0.95 kg 和 2.18 kg。按平均治理成本法测算结果折合每污染当量分别为 3.5 元、4.5 元和 1.5 元。按边际治理成本法测算结果折合每污染当量分别为 5.2 元、6.2 元和 4.6 元。

根据大气污染物损害成本测算，大气污染物平均损害成本约 11 元/污染当量。结合上述三种测算方式，在制定环保税中大气污染物税额征收标准时，二氧化硫、氮氧化物、烟尘每污染当量不低于 5 元。

4.4　水污染物税额标准研究

4.4.1　水污染控制目标

水污染防治行动计划主要指标：到 2020 年，长江、黄河、珠江、松花江、淮河、海河、辽河七大重点流域水质优良（达到或优于Ⅲ类）比例总体达到 70%以上，地级及以上城市建成区黑臭水体均控制在 10%以内，地级及以上城市集中式饮用水水源水质达到或优于Ⅲ类比例总体高于 93%，全国地下水质量极差的比例控制在 15%左右，近岸海域水质优良（一、二类）比例达到 70%左右。京津冀区域丧失使用功能（劣于Ⅴ类）的水体断面比例下降 15 个百分点左右，长三角、珠三角区域力争消除丧失使用功能的水体。

全面控制污染物排放，实施多项污染控制措施，2017 年年底前，造纸行业力争完成纸浆无元素氯漂白改造或采取其他低污染制浆技术，钢铁企业焦炉完成干熄焦技术改造，氮肥行业尿素生产完成工艺冷凝液水解解析技术改造，印染行业实施低排水染整工艺改造，制药（抗生素、维生素）行业实施绿色酶法生产技术改造，制革行业实施铬减量化和封闭循环利用技术改造。加快城镇污水处理设施建设与改造。

4.4.2　水污染物治理成本研究

4.4.2.1　治理成本调查

2012 年，全国工业废水排放量 2 033 627 万 t，全国有废水治理设施 85 673 套，废水处理能力 26 620 万 t/d，年运行费用 6 677 025 万元，吨水处理成本为 1.3 元/t。

污染实际治理成本是指目前已经发生的治理成本，包括污染治理过程中的固定资产折旧、药剂费、人工费、电费等运行费用。对于企业水污染治理来说，无论采用何种工艺，其主要的处理成本成都由以下几部分构成：能源消耗、日常维护检修费、固定资产折旧费用、工资福利费、管理培训费等。各种费用占污水处理运总成本的比例见表 4-4。

表 4-4　污水处理厂的经济运行成本

序号	费用名称	所占比例/%	序号	费用名称	所占比例/%
一	能源消耗	40～55	三	固定资产折旧	15～25
1	电	25～40	四	大修基金提存	10～25
2	水	0.5～1.5	五	工资福利	2～5
3	药剂	8～20	六	管理培训	5～10
4	油	1.5～3	1	车辆管理	0.5～1
二	日常维护检修	5～15	2	税金	5～10
1	附属设施	2～5	3	培训费	
2	材料及设备	5～12	4	办公费	

资料来源：根据环统数据整理。

4.4.2.2　水污染排放标准和成本关系

根据受纳水体的类型，排放标准会规定不同的排放浓度。以污水处理厂为例，根据《城镇污水处理厂污染物排放标准》，城镇污水处理的一级排放标准对应污水处理工艺的二级强化处理或者三级处理，二级标准对应污水处理工艺的常规二级处理，三级标准对应污水处理工艺的一级强化处理。不同的处理工艺的造价和运行成本都存在差异（表 4-5）。

表 4-5　标准的分级和处理工艺与受纳水体功能的对应关系

项目	一级标准		二级标准	三级标准
	A 标准	B 标准		
处理工艺	深度处理	二级强化处理	常规二级处理	一级强化处理
受纳水体功能	资源化利用基本要求景观用水	地表水Ⅲ类、海水Ⅱ类、湖、库等	地面水Ⅳ、Ⅴ类、海水Ⅲ、Ⅳ类水域	非重点流域、非水源保护区建制镇水体

随着出水水质标准的提高，污水处理厂的治理成本相应增加。从目前污水处理厂实践经验来看，在现有的技术和设备条件下比较容易实现二级标准提升到一级 B 标准（表 4-6）；但是从一级 B 标准提高到一级 A 标准时或者由三级标准提升到二级标准时，成本会大幅增加。因为当治理水平的提高超过一定的治理能力时，设备改建成本，污水厂运营成本，都会大幅增加。

表 4-6 污水处理厂治理成本

序号	污水处理工艺	处理废水类别	处理设施原价/万元	设施年正常运行天数/d	年运行费用/万元	执行排放标准	单位废水处理费用/（元/t）
1	SBR	生活污水	16 573	365	2 084	一级 A	0.895 201
2	SBR	生活污水	26 416	365	1 403	一级 A	1.456 716
3	活性污泥法+深度处理			348	5 746.86	一级 A	0.849 676
4	A^2O+MBR	二级	9 662.02	365	480	一级 A	1.964 842
5	A^2O	生活污水		365	838.11	一级 A	1
6	AA/O	市政污水	15 500	362	1 883.8	一级 A	1.012 859
7	A^2O	生活污水	9 000	365	1 178.96	一级 A	1.615 014
8	A^2O 微曝氧化沟	生活污水	10 555	365	1 900	一级 A	1.3
9	百乐克	生活污水		365	490	二级	0.671 233
10	浮动填料生化法	生活污水		356	4 854.7	二级	0.626 53
11	曝气生物滤池	生活污水		355	9 792.33	二级	0.693 771
11	改良型氧化沟	生活污水		355	734	一级 B	0.61

资料来源：企业调研数据。

4.4.2.3 企业水污染物平均治理成本计算

水污染治理成本测算研究根据统计全国 1 000 家典型排污企业生产经营情况，生产工艺和污染治理设备、运行成本，对水污染物治理成本进行测算。企业样本涵盖全国 31 个省市，主要行业包括：造纸、电子、石油、选矿、水泥、化工、金属加工、冶炼、纺织、食品等。根据计算，东部地区水污染平价治理成本为 4.5 元/t，中部地区为 4 元/t，西部地区为 3.8 元/t。东部地区经济较为发达，因此排放标准，人员工资、水电成本都要高于西部地区，污水治理成本也高于西部地区。

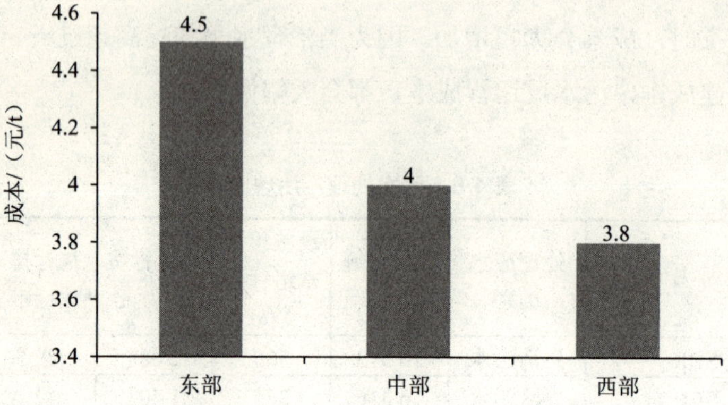

图 4-3　不同地区的污水处理成本

从规模看，规模越大污水治理成本越低。小型企业污染治理成最高，为 4.7 元/t，中型企业其次，为 4.3 元/t，大型企业治理成本最低，为 3.9 元/t。

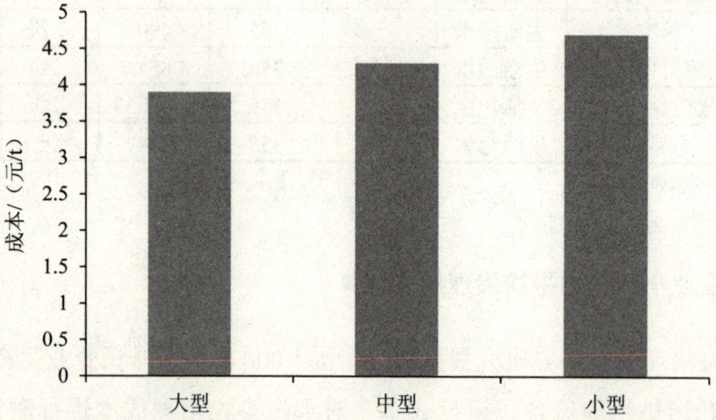

图 4-4　不同规模的污水处理成本

4.4.2.4　企业水污染实际治理边际成本计算

（1）边际处理费用法的基本原理

从环境经济学理论看，在给定的污染物产生总量和其他条件不变的情况下，污染边际处理费用随着污染削减量的增大（或者污染排放量的减少）而上升。由于排放税能使每个排污者的边际处理成本最终趋于相等，即等于相应的收费标准，当污染削减量或者排放量的控制要求改变时，如果要通过排放税来达到污染控制目标，收费标准也应该做出相应的改变或者调整。根据调查数据，某省企业污水处理量在超过一定数量后，其去除费用急剧上升，边际处理费用随着污染削减量的增大而快速上升（图 4-5）。

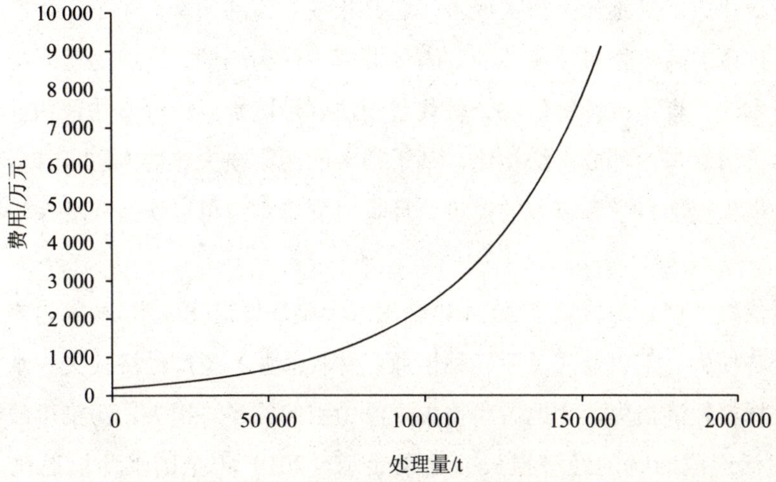

图 4-5　废水处理量与去除费用的关系

在实际中，通常在边际处理费用法基本原理的基础上，简化为行业平均边际处理费用法或者企业平均边际治理成本法。企业平均边际处理费用法通过直接选取企业污染设施样本，污染物削减量或者排放量作为自变量，处理费用作为因变量，函数形式采用幂指数。在得到企业平均边际处理费用函数后，采用类似行业平均边际处理费用的方法，求得企业削减某种污染物的平均边际处理费用，作为该种污染物的平均收费标准。

（2）水污染物边际治理成本法计算

污染治理费用函数与企业用于治理污染的费用与治理设施投资、治理设施运行费用、治理规模、污染物去除效率和企业特性（行业、企业规模），以及投入价格等因素有关。考虑调研数据的实际情况，选取企业调研数据中化工企业作为样本，用 SPSS 软件对样本数据进行回归，得出系数常数项为 5.935，α_1=0.652，β_1=−1.273，β_2=−1.324，β_3=−0.412，代入式（4-11），得到某省化工企业 COD 平均边际成本为 5.6 元/kg。

4.4.3　水污染物污染损害成本研究

环境退化成本又称污染损失成本，它是指在目前的治理水平下，生产和消费过程中所排放的污染物对环境功能、人体健康、作物产量等造成的实际损害，利用人力资本法、直接市场价值法、替代费用法等环境价值评价方法评估计算得出环境退化价值。与治理成本法相比，基于损害的污染损失评估方法更具合理性，是对污染损失更加科学和客观的评价。环境损失成本也可以作为环境保护税税率的参考。

环境保护部规划院核算了 2014 年全国水污染环境退化成本，核算内容包括人体健康经济损失、工农业（工业、种植业、林牧渔业）生产经济损失、水资源经济损失、材料经济损失、土地占用丧失生产力引起的经济损失、污染事故经济损失和对生活造成影响的经济损失。结果显示，2014 年全国水环境退化成本为 7 756.4 亿元。根据《2014 年环境统计年报》，2014 年全国废水排放量为 7 161 750.53 万 t，折算出每吨水污染物损害成本为 10 元，每当量水污染物损害成本为 27 元。

4.4.4　水污染物税额标准制定

确定环境保护税的税负水平需兼顾考虑地区宏观经济形势与环境保护税的微观经济效应等各种因素。税负水平是环境保护税调节作用的决定性因素，不同的税率水平会使纳税人做出减产减排、改进生产工艺、安装末端治理设备或宁可交税也不肯治理等不同选择。研究人员综合考虑了现行的排污收费标准、调查问企卷业治理成本、水污染损失成本等几个方面的税率标准（表 4-7）。其中现行排污收费标准最低，但是刺激效果有限。水污染损害成本涵盖最为全面，但是费率过高，企业承受较为困难。

表 4-7　不同情景下水污染税率标准

序号	依据	税率/（元/污染当量）	企业负担
1	排污费标准	1.4	低
2	工业企业治理成本	10	较高
3	水污染损害成本	27	极高

我国环保税是对污染排放和生态破坏等行为征收的一种税，属于行为税，目的是通过引入价格信号，使污染者在生产等决策时考虑污染环境的成本，直接限制污染排放和生态破坏行为，鼓励有利于环境友好的行为和清洁生产行为，仅局限于对各种污染排放行为和生态破坏行为实施税收调节。因此，第一，环保税筹集资金的功能十分微弱，重在对排污行为的调节作用。第二，从税收中性的原理来看，国家征税尽可能不给纳税人或社会带来其他的额外损失或负担，避免对市场经济正常运行的干扰。第三，从环保税方案来看，也是整体对排污费的平移。

综上所述，建议环保税水污染税额标准开征初期和排污费标准大致持平，尽量不增加企业负担，不增加生产成本，即每当量 1.4 元。在环保税成熟以后逐渐根据污染物减排成本，提高税额标准。

4.5　固体废物税额标准研究

4.5.1　一般工业固体废物污染治理成本研究

我国一般工业固体废物丢弃量较小，除尾矿外，其他固体废物综合利用率在70%以上，综合利用一般企业会有收益，同时国家有鼓励综合利用的税收优惠等相关政策。因此我们主要以固体废物的贮存和处置设施的建设和管理的成本作为制定税率的主要依据。工业固废的主要贮存方式包括灰场堆放、渣场堆放、尾矿库堆放和其他贮存，不包括永久性贮存。存场所或贮存设施必须有防扩散、防流失、防渗漏、防止污染大气和水体的措施。一般工业固体废物处置指企业将工业固体废物焚烧和用其他改变工业固体废物的物理、化学、生物特性的方法，达到减少或者消除其危险成分的活动，或者将工业固体废物最终置于符合环境保护规定要求的填埋场的活动中。处置方式有填埋、焚烧、专业贮存场（库）封场处理、深层灌注、回填矿井及海洋处置（经海洋管理部门同意投海处置）等。一般工业固体废物中尾矿、粉煤灰和煤矸石所占比例较大，我们以尾矿库、灰场建设运营成本，作为制定固体废物收费标准依据。

尾矿库的建设成本。一座中、小型尾矿库投资数百万元至数千万元不等，大型尾矿库造价更是相当可观。尾矿库运行成本也较高，绝大多数矿山采用尾矿水力冲填堆积上游法建设尾矿坝，需要专人日常管理、维护尾矿库。江西铜业集团公司德兴铜矿 5 号尾矿库，是国内最大的尾矿库工程，项目概算总投资 31.65 亿元，计划于 2016 年 6 月竣工。库区及附属设施占地面积 13.102 km^2，汇水面积 15.41 km^2，总库容为 10.04 亿 m^3，上下游尾矿库后期堆坝均采用中线法堆坝。服务年限：按 13 万 t/d 处理量考虑，德兴铜矿矿山还可以稳产 27 年，到 2040 年。五号尾矿库可以服务到矿山开采终止，折合尾矿贮存成本 46 元/t。

灰场成本。粉煤灰贮存成本 65～97 元/t。

4.5.2 一般工业固体废物污染损害研究

固体废物倾倒丢弃和堆存，不仅造成资源损失和浪费，而且还造成较为严重的安全和自然环境受污染的隐患。固体废物损失评估主要包括占用土地损失，污染地下水和地表水以及扬尘污染损失，安全事故风险损失的等。损失评估方法有机会成本法、支付意愿法、市场价值法等。在 2010 年暴雨频发的大环境下，全国有 100 多座尾矿库发生险情，有 14 座尾矿库发生了溃坝事故。

根据《中国煤炭环境外部成本书》，2010 年煤矸石堆存造成的外部成本 24.1 亿元，包括煤矸石自燃、占地和土壤耗损，相当于每吨煤矸石产生污染损失 42.7 元。

4.5.3　一般工业固体废物税额标准

固体废物治理成本和污染损失在 42.7～97 元/t，可作为固体废物征税标准确定和调整的参考。

第5章
环境保护税征管模式研究

税收征管是指国家税务征收机关依据税法、征管法等有关法律、法规的规定，对税款征收过程进行的组织、管理、检查等一系列工作的总称。与传统的税收征收管理相比，环境保护税以排放的污染物为计税依据，技术要求较高，而我国现行的“纳税人自主申报、税务机关重点稽查”的税收征管模式，并不能适应这种需要。本章在分析税务部门和环保部门能力特点的基础上对环境保护税的征管模式进行研究。

5.1 我国的税收征管模式

5.1.1 税收征管及税收征管模式的概念

税收征管是税务机关按照税收管理权限，依照法律、法规制定的在履行义务、实施权利过程中，由税务机关和纳税人共同遵守的一系列管理的总称。它包括狭义和广义两种解释，狭义的征管只包括税务登记、发票管理等管理服务方面的内容，广义的征管包括除管理服务外的税款征收、税收计划、税收会计、税收统计、税收票证等内部管理和对纳税人的稽查管理等全民征收管理。新修订的《中华人民共和国税收征收管理法》中的税收征管的概念一般是广义的，本节中也使用税收征管的广义概念。

税收征管是在既定税制条件下国家税收政策的具体实行，因此是税收管理的重要部分。从税款征收的全过程来看，统筹和协调这一全过程的是征管组织结构、税收征管形式、税收征管方法等方面所采用的规范形式和结合方式，即税收征管模式。加拿大税务专家理查德·M. 伯德认为：税收征管包括三个基本因素和三项基本工作内容。三个基本因素分别是：改进管理当局自身的组织工作；改善对纳税人的服务；提高纳税人的照章纳税率。三项基本工作内容是：鉴定潜在纳税义务人；核定其应纳税额；并及时足额征收入库。由此可见，税收征管不仅依附于税制结构，而且贯穿于从纳税人义务产生开始到税款入库的全过程。

5.1.2　我国现行税收征管模式

改革开放以来，随着税制的不断完善，税收征收管理模式也在不断适应形势的发展和变化，改革的步伐日益加快，科学严密的税收征管体系日渐成熟，确保了税收各项职能作用的充分发挥。

我国现行的征管模式最早开始于 1996 年，主要模式是，“以纳税申报和优化服务为基础，以计算机网络为依托，集中征收，重点稽查”，由过去的分散型、粗放化管理到向集约型、规范化管理转变；由传统手工操作方式向现代化科学征管方式转变；由上门收税向纳税人自行申报纳税转变；由专管员管户的“保姆式”管理向专业化管理转变。2001 年，国家税务总局制定了《关于加速税收征管信息化建设推进征管改革的试点工作方案》，提出“实现税收征管的信息化和专业化，建设统一的税收征管信息系统，实现建立在信息化基础上的以专业化为主、综合性为辅的流程化、标准化的分工、联系和制约的征管作新格局”的征管目标。2004 年，我国提出在全国税务系统建立税收管理员制度，对税收征管工作重点进行重新定位，逐步形成了现有的 “以纳税申报和优化服务为基础，以计算机网络为依托，集中征收，重点稽查，强化管理”的税收征管模式。

5.2　我国排污费征管基础

排污费的征管模式可以概括为“环保部门开票、商业银行代收、财政部门统管”。根据国务院颁布的《排污费征收使用管理条例》和国家环保总局《关于排污费征收核定有关工作的通知》的规定，排污费征收程序一般分为排污申报登记、排污申报登记审核、排污申报登记核定、排污收费计算、排污费征收与缴纳5个阶段，具体流程如图5-1所示。

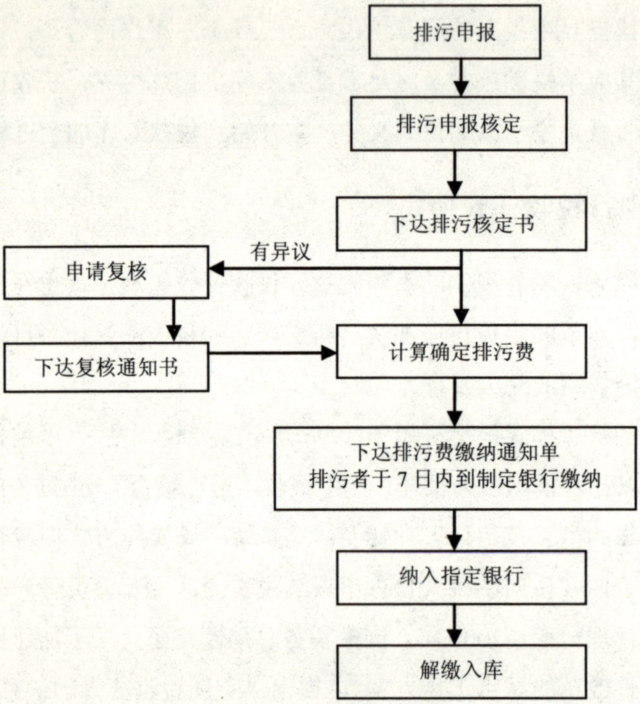

图5-1　排污费征收流程

（1）排污申报登记

排污申报登记是指向环境排放污染物的排污者，必须按照国家规定向所在地环境保护部门申报登记所拥有的污染物排放设施、处理设施和正常作业条件下排放污染物的种类、数量、浓度、强度等与排污有关的正常排污及排污变化情况的法定义务。

（2）排污申报登记审核

环境监察机构在收到排污者的《排污申报登记表》或《排污变更申报登记表》

后，应依据排污者的实际排污情况，按照国家强制检定的污染物排放自动监控仪数据、监督性监测数据、物料衡算数据或其他有关数据对排污者填报的《全国排放污染物申报登记表》或《排污变更申报登记表》项目和内容进行审核。经审核符合要求的应向排污者发回一份经审核同意的《排污申报登记表》；不符合规定的责令补报，不补报的视为拒报。

（3）排污申报登记核定

环境监察机构根据审核合格的《排污申报登记表》，于每季末 10 日内，对排污者每季的实际排污情况进行调查与核定。经核定，符合要求的，应在每季终了后 7 日内向排污者发出《排污核定通知书》。不符合要求的，要求排污者限期补报。

排污者对核定结果有异议的，应在接到《排污核定通知书》之日起 7 日内申请复核，环境监察机构应当自收到复核申请之日起 10 日内做出复核决定，并将《排污核定复核决定通知书》送达排污者。

环境监察部门对拒报、谎报、漏报拒不改正的排污者，可根据实际情况，依法直接确认其核定结果，并向排污者发出《排污核定通知书》，排污者对《排污核定通知书》或《排污核定复核通知书》有异议的，应先缴费，而后依法提起复议或诉讼。

（4）排污收费计算

环境监察机构应依据排污收费的法律依据、标准依据和核定后的实际排污事实依据，根据国家规定的排污收费计算方法，计算确定排污者应缴纳的废水、废气、噪声、固体废物等收费因子的排污费。

（5）排污费的征收与缴纳

排污费经计算确定后，环境监察机构应向排污者送达《排污费缴纳通知单》，并同时向社会公告。

排污者应当自接到《排污费缴纳通知单》之日起 7 日内，将排污费缴到指定的商业银行。对排污收费行为不服的，应在复议或诉讼期间内提起复议或诉讼。当裁定或判决维持原收费决定的，排污者应当在法定期限内履行，在法定期限内未自动履行的，原排污收费做出行政机关应申请人民法院强制执行；当裁定或判决撤销或部分撤销原排污收费行政行为的，环境监察机构应依法重新核定并计征排污费。

排污者在收到《排污费缴纳通知单》7日内不提起复议或诉讼，又不履行的，环境监察机构可在排污者收到《排污费缴纳通知单》之日起7日后，责令排污者限期缴纳；经限期缴纳拒不履行的，环境监察机构应依法按不按规定缴纳排污费处以罚款，并从滞纳之日起（即第8天）每天加收千分之二的滞纳金。

排污者对排污收费或处罚决定不服，在法定期限内未提起复议或诉讼，又不履行的，环境监察机构在诉讼期满后180日内可直接申请人民法院强制执行。

5.3 环境保护税的征收模式研究

5.3.1 环保税征管能力分析

环保税的开征，无论对税务部门还是对环保部门来说都是一项新工作，对环保部门的监管能力和税务部门的征管能力提出了新的要求，在环保税征管模式的设计中，首先要具体分析两部门在税收征管工作所具备的优势，并根据两个部门现有的工作基础设计征管模式。

5.3.1.1 税务部门环保税征管工作基础分析

随着多次改革，我国已初步建立起了一个适应社会主义市场经济体制、符合国际税收一般原则和方法、有较先进技术手段、走上依法治税轨道的税收征管体系。近年来，税务征管的质量和效率都有了根本性提高；人才和机构建设不断加强，形成一支专业化、信息化的税收征管队伍；积极探索实施信息管理，推进部门信息共享，加强信息综合利用；加快金税工程建设步伐，征管数据基本实现省局、总局两级集中；通过推行专业化、信息化管理，进一步提升了税收征管工作水平。

具体来看，税务部门在环保税征管方面具有的优势主要体现在以下几个方面：

（1）较强的税源管理能力

全面实施税收管理员制度。为强化税收征收管理，各级税务部门从 1998 年逐步开始在各级税务机关实行将管户和管事相结合的管理员制度，片管员、户管员和联络员都是这一制度的具体表现形式。这些管理员的工作职责包括：了解掌握监控企业的税收情况、基本情况和生产经营状况；对监控企业的生产经营和税收变化情况进行因素分析，了解其原因和具体情况；报送有关监控的各类报表资料；对企业进行税法宣传，规范其纳税行为；了解掌握监控企业发票领购、开具和保管情况；通过对监控企业的调查了解，为稽查工作提供情况和线索；进行专题调研，为税收决策提供依据。

税源管理已上升到法律层面。2001 年 5 月 1 日正式实施的《中华人民共和国税收征收管理法》中，明确增加了税源管理方面的内容。重点税源管理工作取得了很大成效。国家税务总局从 1999 年起在全国国税系统开展重点税源监控工作。明确了重点税源的确定标准和监管范围、管理的内容和方法、数据来源及分析应用，并建立起相应的监控数据库。2016 年，全国税务部门组织税收收入 115 878 亿元（已扣减出口退税），比上年增长 4.8%。

（2）高水平的税务稽查能力

我国已经建立了完善的税务稽查体系，税源监控是对纳税人申报纳税的事前管理，申报征收是纳税过程中的管理，税务稽查的后端管理，三个环节共同构成税收征管能力的主体。我国税务系统已建立了人机结合的税务稽查体系，税务稽查力度不断加大。从国家税务总局到地方各级税务机关都成立了专门的税务稽查机构或相应机构，充实了稽查环节的力量。通过加强对稽查人员业务培训力度，提高了稽查人员的素质，完善了业绩考核办法，并同时开展了多种专项、重点和专案稽查，突出了对偷漏税大案要案的查处打击力度。

（3）科学、全面的信息化建设成果

经过多年的建设，我国税收管理信息化有了较大的发展，有力地促进了税收工作水平的提高。经过改革开放的不断发展，我国税收征管体系逐渐发展成“以纳税申报和优化服务为基础，以计算机网络为依托，集中征收，重点稽查”的新税收征管模式。1994年以来，税务部门相继推行金税工程一期、二期建设，取得显著成效。依托金税工程的信息化建设，电子化的征管网络基本形成，国税系统四级广域网运行顺畅，各省地税局已全部与总局联网，绝大部分省地税局开通运行了广域网。目前全国各省、区、市国税局已经全部应用综合征管信息系统，并实现征管数据的省级集中。许多省、区、市地税局在全省范围内统一应用自行开发的综合征管信息系统或使用税务总局推荐的地税版征管信息系统。该系统涵盖管理服务、征收监控、税务稽查、税收法制、税务执行及其他税收日常工作处理等业务功能，并通过工作流程将各项业务贯穿一起，形成了对纳税人和税务机关、税务人员的有效监控体系，规范了征纳双方的行为。

金税工程三期按照统筹规划、统一标准，突出重点、分步实施，整合资源、讲求实效，加强管理、保证安全的原则，建立起了基于全国统一规范的应用系统平台。该平台依托计算机网络，由总局和省一级税务局集中处理信息，覆盖了所有税种、税收工作重要环节以及各级国税局、地税局，并与有关部门联网，是囊括了征收管理、行政管理、外部信息、决策支持系统的功能齐全、协调高效、信息共享、监控严密、安全稳定、保障有力的税收管理信息系统。

5.3.1.2 环保部门环保税征管工作基础分析

（1）丰富的排污费征收经验

自1982年国务院颁布《征收排污费暂行办法》、我国实施了排污收费制度，并在不断地发展和完善。经过30多年的发展，各级环保部门在排污费征收方面积累了丰富经验。尤其是近些年来，为保障节能减排的实施，排污收费工作力度逐渐增加，征管能力也在逐年提高。通过排污申报审核和排污费征收稽查，执法力度的加大，排污收费金额在逐年增加。

（2）完善、科学的排污费征收程序及管理规定

经过若干年的发展，我国已经探索出一套较完善的排污费征收程序。各地环保部门也根据国家有关排污收费的具体规定，制定出符合本地实际、切实可行的征收管理办法，为我国开征环保税积累了经验。

《排污收费征收使用管理条例》中明确规定了规范的征收程序为申报、审核、认定、计算和征收五个阶段。排污收费必须按照法定程序进行管理，否则将被视为违法征收排污费。其中，排污申报登记工作是整个排污收费工作的基础。通过排污申报和排污申报认定可以为排污收费提高较为可靠、真实的排污数据，还可以促进各级环境保护部门的监测力度，及时了解辖区所有排污者的污染状况，促进排污单位认真履行环境保护的责任，促进管理者和被管理者都认真核对排污量，促进排污收费工作更加合理。

在环境保护部《关于排污费征收认定有关工作的通知》中明确规定：县级以上环境保护局所属的环境监察机构具体负责排污申报登记和排污费征收管理工作。环境监察机构征收排污费的管理体制实行分级管理、属地收费，即国家级、省级环境监察机构负责属下环境监察机构的排污收费工作的指导和稽查工作，直辖市、设区市和县级环境监察机构负责区内的排污申报审核、认定和排污费的征收管理工作。县级及以上环境行政主管部门负责污染物排放认定工作、确定排污者排污费数额及向排污者送达排污费缴纳通知单等排污费征收管理具体工作。

（3）一定规模的排污费征管机构、队伍

环境监察机构主要负责排污费的征收和管理工作，环境监测机构根据国家规定，为监察部门征费提供部分排污企业的污染物排放数据支持。截至 2015 年年底，全国环保系统机构总数 14 812 个。其中，国家级机构 45 个，省级机构 398 个，地市级环保机构 2 319 个，县级环保机构 9 154 个，乡镇环保机构 2 896 个。各级环保行政机构 3 181 个，各级环境监察机构 3 039 个，各级环境监测机构 2 810 个。全国环保系统共有 23.2 万人。其中，环保机关人员 5.7 万人，占环保系统总人数的 24.6%；环境监察人员 6.6 万人，占环保系统总人数的 28.6%；环境监测人员 6.2 万人，占环保系统总人数的 26.5%。

（4）较高的污染源监控能力

我国各级环保部门十分重视提高污染源监控能力，通过开展污染源普查、加强污染源自动监控等措施切实加强污染源监控工作。目前全国已建起了污染源基本单位台账和国家、省、市、县 4 级数据库系统为污染源的管理奠定了基础。通过污染源普查全面系统掌握了各类污染源主要污染物的排放情况。基本摸清了各类农业源污染物排放信息，了解工业污染源排放行业特征，特别是对一些排放重金属及有毒有害物质的企业有了更全面的掌握。同时还掌握了分流域、分区域各类污染源数量和污染物排放状况。

5.3.2 环保税征管模式

5.3.2.1 征管模式设计

由于环保税的特殊性，需要环保部门和税务部门配合征收。税务部门负责征收、管理、稽查三个环节的税种占到我国已开征税种的很大一部分。从目前来看，在这几个环节上税务部门开展比较成熟。近年来，各项税款按期申报率基本稳定在 95%左右，国税局入库率平均 99.37%，地税局入库率平均 98.39%，征收质量较高。但是环保税具有一定的特殊性，其税基是污染物排放数量，而税务部门没有实时监测企业污染物排放的能力，只能单纯依靠企业自行申报。在事后的稽查过程中，由于污染排放具有瞬时性、间断性的特点，税务部门也缺乏有效检查手段，只能通过核实企业原材料、燃料和产品数量等数据的方式进行稽查。这将影响环境税征收的准确性，挑战税收的严肃性，并且会造成税收的流失。

因此，有必要采用其他手段，准确监测、核定、分析企业污染物排放情况。环境保护部门具有较为全面的在线监测网络，拥有较为专业的环境监察队伍和环境保护知识，全国主要大中型企业也都安装了在线监测仪，环保部门可以实时掌握企业排污动态。因此，在环保税征收管理中，环保部门可以配合税务部门，负责对应税污染物的监测和管理。

考虑税务部门和环保部门各自的优势以及环保税的特殊性，环保税按照“纳税人自行申报、税务征收、环保配合、信息共享”的模式进行征管。纳税人自行申报环保税，对申报的真实性和完整性承担责任；税务机关通过将纳税人的纳税申报数据资料与环保部门传递的相关数据资料进行分析比对，比对没有异常的征收入库；如果发现纳税人的纳税申报数据资料异常或者纳税人未按照规定期限办理纳税申报的，可以提请环保部门进行复核，按照环保部门复核的数据资料调整纳税人的应纳税额。

在该种模式下，为了强化环保税的征管、加大征收力度，环保税征收、管理由税务部门承担；同时考虑污染排放的特点、环保部门的监管力量，在核定和税务稽查过程中，环保部门可以协助配合。以上所有征收、管理、检查程序均适用于《中华人民共和国税收征收管理法》。

在国家层面，建立由国家税务总局、国家环境保护部以及其他相关部门共同组成的环保税收工作平台，形成以国家税务总局为核心，环境保护部等其他部门提供技术支持的模式，突出国家税务总局在环保税征管中的主体作用。

5.3.2.2　部门分工

纳税人要按照税收征管法对于纳税申报的规定，依照规定申报期限、申报内容，根据自行测定或委托第三方测定的污染物排放量及申报所需要的其他材料，向税务部门进行纳税申报，并且对纳税申报的准确性和真实性承担相应的法律责任。

税务部门履行环境保护税纳税申报受理、涉税信息比对、组织入库等职责。在环境保护税的征收中，税务部门征收管理要严格按照《中华人民共和国税收征收管理法》的有关规定，沿用目前对其他税种的征管程序，即纳税人办理税务登记；按照有关规定设置账簿，根据合法、有效凭证记账，进行核算。对符合备案条件的纳税人提交资料齐全、符合法定形式、相关表单内容填写符合规定，表内表间逻辑关系正确的，受理并录入备案信息。对计算有异议的，可以提请环保部门进行复核，按照环保部门交送的数据确定应税污染物的计税依据。

环保部门要在税务部门的授权范围内，对于税务部门异议的申报书进行复核。同时还要负责环保税涉及的环境污染的监测工作，及时向税务机关交送在环境保护监督管理中获取的排污单位的基本情况、排污单位的污染物排放数据、排污单位环境违法和受行政处罚情况等情况。

5.3.2.3 征管程序

在税务登记过程中，环保税的纳税人自领取营业执照之日起 30 日内，持有关证件，向税务部门申报办理税务登记；税务部门应当自收到申报之日起 30 日内审核并发给税务登记证件。

在申报过程中，纳税人必须依照法律、行政法规规定或者税务机关依照法律、行政法规的规定确定的申报期限、申报内容如实办理纳税申报，报送纳税申报表、财务会计报表以及税务机关根据实际需要要求纳税人报送的其他纳税资料。环境保护税可以按月计算、按季度申报，也可以按次计算申报。按季度申报的，纳税期限为季度终了之日起 15 日内；按次申报的，为纳税义务发生之日（即排污行为发生之日）起 15 日内。

在税款征收过程中，税务机关对纳税人申报的计税依据、适用税率、应纳税额等进行比对，最终确定应纳税额。在环保税的征收过程中，税务机关受理申报后通过异常审查和涉税信息比对，发现数据异常的，交由环保部门复核，结果以环保部门复核结果为准。具体征收程序如图 5-2 所示。

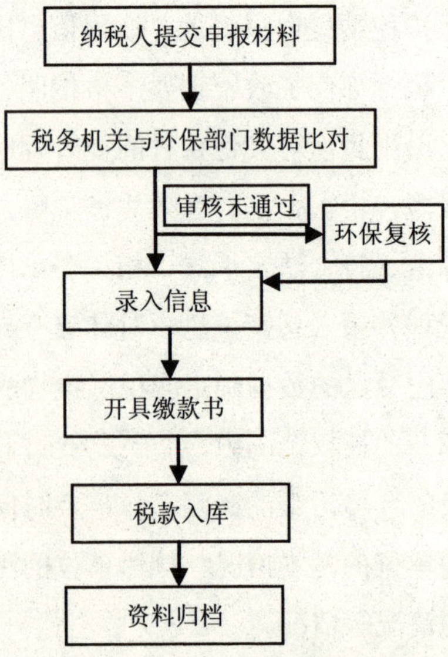

图 5-2　环保税具体征收程序

5.3.3　部门配合

环保税征收牵涉多个部门，在征管过程中，税务、环保需要配合征收环保税，两个部门之间需要进行数据、文件方面的传输。在开征环保税之前要提前启动数据准备工作。

5.3.3.1　共享税务、环保部门数据

为了确保环保税顺利征收、构建完整的环保税征收体系，在环保税开征过程中，需要环保部门向税务部门共享以下几类信息：一是排污单位的名称、统一社会信用代码，以及污染物排放口、排放污染物种类等基本信息；二是排污单位的污染物排放数据；三是排污单位环境违法和受行政处罚情况；四是对税务机关提请复核的纳税人的纳税申报数据资料异常或者纳税人未按照规定期限办理纳税申报的复核意见；五是与税务机关商定交送的其他信息。税务部门需要向环保部门共享以下几类信息：一是纳税人基本信息；二是纳税申报信息；三是税款入库、减免税额、欠缴税款以及风险疑点等信息；四是纳税人涉税违法和受行政处罚情况；五是纳税人的纳税申报数据资料异常或者纳税人未按照规定期限办理纳税申报的信息；六是与环保部门商定交送的其他信息。

5.3.3.2　建立信息交换系统平台

环保税电子数据交换系统是为了实现数据共享和传输，按照约定标准构建电子交换系统，将企业污染物排放、环保税征收的相关信息共享，实现税务部门和环境保护部门数据交换，实现数据对接和数据查询及调用。

在信息交换平台中，除了上传到平台的税务基本信息、企业基本信息、企业污染排放基本信息、纳税人生产经营情况等信息外，税务部门也将纳税人申报的异常数据上传至信息平台，环保部门完成复核后，也将数据上传至平台，平台实现环境数据、税收数据、复核数据直接的信息交换和共享。

税务部门也要完成环保税征管系统的开发，实现环保税征收的规范化。环境

税征管系统设计和开发应严格遵循《中华人民共和国税收征收管理法》和有关税收法律、法规、规章、制度的要求，严格按照国家税务总局编写的《税收征管业务规程和表证单书》而开发的。程序编码、软件界面及文档用语都遵循税收规范化和标准化的要求。在软件使用过程中，税务总局要制定并下发《环境税征管规范化管理办法》，对征管流程、各环节时间、信息资料的传递、部门职责做出统一规定。规范环境税征管书面文件，设计下发环境税纳税申报表、完税证明等涉税文书规范样式，要求各地区统一印制使用。

5.3.3.3 环保协查

环保协查是指税务稽查部门在对纳税人进行环保税检查时，在选案、实施、审理过程中可邀请同级环保部门协助进行检查或提供纳税人纳税污染物排放的有关信息和纳税人污染治理情况的有关信息。环保部门在环保税税收检查中承担配合责任，负责将自身的检查内容和检查结果如实提供给税务稽查部门，由税务稽查部门根据各项检查内容和检查结果出具检查结论。环保部门可以对拟下达的检查结论和处罚结果提出修改建议，最终由税务部门向纳税人下达税收检查结论和处罚通知。

第 6 章
环境保护税和环保部门经费保障研究

从预算管理角度而言，环境保护费改税会对现行环保经费供给体制产生重大而深刻影响，如果配套改革和制度衔接不到位，可能对环境保护预算资金保障产生负面冲击，进而对环保工作的开展产生不利影响。因此，从保障环保事业健康发展的角度来说，应增强改革的统筹性、协同性，科学统筹制定环境保护税收入使用管理办法，明确环境保护税收入应主要用于环境保护，确保改革后环保机构经费、运行和能力建设得到应有保障。

6.1 排污收费是环保部门经费保障

6.1.1 排污费收入使用政策概述

排污费政策建立初期，是环保部门经费的主要来源之一。1982 年 2 月，国务院颁布了《征收排污费暂行办法》，标志着排污收费制度的正式建立。1984 年 9 月，国务院《关于加强环境保护工作的决定》重申了企业交纳的排污费中的 80%用作企业或其主管部门治理污染源的补助资金，剩余的 20%和“四小块”（加倍征收、提高标准收费、补偿性罚款、滞纳金）主要用于各地环保部门购置监测仪器、设备及宣传教育、技术培训等补业务活动等费用。全国 31 个省级、333 个地级市、2 860 多个县级市都全面开展了排污收费。到 2002 年，排污费累计为全国污染防治和环保能力建设提供资金 628.2 亿元。初期排污费收入为我国环保部门经费保障做出了重要贡献。

排污费经多年发展，初期筹措环保机构建设经费的作用逐渐被削弱，用于污染治理的作用逐渐突出。随着国家财政力量的加强和预算改革步伐的加快，2003年1月，国务院颁布了《排污费征收使用管理条例》（国务院令第369号），并于当年在全国实施。这是中国排污收费制度逐步完善的标志，是排污收费的政策体系、收费标准、使用、管理方式的一次重大改革和完善。《条例》明确规定："排污费的征收、使用必须严格实行'收支两条线'，征收的排污费一律上缴财政，环境保护执法所需经费列入本部门预算，由本级财政予以保障；排污费应当全部专项用于环境污染防治，任何单位和个人不得截留、挤占或挪作他用。"至此，排污费全部变为污染治理专项资金。

各地出台政策规定排污费收入使用。地方政府根据《条例》，结合各地实际情况，出台各省排污收费管理办法。《湖北省排污费征收使用管理暂行办法》规定：国库部门在10日内负责按10%作为中央预算收入，15%作为省预算收入，75%作为地方预算收入，分别缴入中央国库、省国库和地方国库，作为中央、省、地方环境保护专项资金管理。《浙江省排污费征收使用管理办法》规定：省环境保护行政主管部门征收的排污费，90%缴入省级国库，10%缴入中央国库。市、县（市、区）环境保护行政主管部门征收的排污费，80%缴入本级国库，10%缴入省级国库，10%缴入中央国库。

排污费收入成为污染治理资金的重要来源之一。2010年全国排污费收入为188亿元[①]，共安排排污费使用165.43亿元（不包括中央集中10%的部分），其中用于污染防治和生态保护的支出为107.1亿元，占总支出的64.74%；用于环保机构的支出为52.77亿元，占总支出的31.9%[②]；用于其他方面的支出为5.57亿元，占总支出的3.36%。排污费收入的六成用于污染防治和生态保护，三成用于环保机构支出。

① 资料来源：环保部环监局。

② 由于政策规定的原因，在调查中存在有些地区环保部门有顾虑、不将使用排污费用于机构自身支出的情况如实填报，实际上，排污费用于环保机构支出的比例比此数字更高。

6.1.2　排污费收缴使用情况调查

为真实掌握各级环保部门经费保障现状，深入了解经费保障方面存在的问题，客观反映排污费收入对环保部门经费保障的作用，为评估开征环境保护税对环保部门经费保障的具体影响提供翔实、全面的基础数据，研究人员在有关部门的支持下，开展了全国《2010 年度环保部门经费保障情况调查》工作。

调查范围为全国 31 个省份的全部环境保护主管部门，数据年份为 2010 年，按照行政级次区分为省、市、县三级填报，国家级环境保护主管部门未列入调查范围。调查内容包括环保部门经费安排情况、排污费收缴使用情况，以及环保机构、人员及人员供养情况共三部分。

6.1.2.1　总体使用情况

排污费使用规模呈上升趋势。2010 年全国排污费收入为 188 亿元[①]，共安排排污费使用 165.43 亿元(不包括中央集中 10%的部分)。与 2006 年相比，全国 2010 年排污费使用增加 64.14 亿元，增长 64.37%。从使用主体上划分，其中省本级增加 5.91 亿元，增长 17.69%；地市本级增加 15.37 亿元，增长 40.55%；县本级增加 44.57 亿元，增长 158%。排污费用于县本级环保部门的绝对量和占排污费使用总量的比例均高于省市两级。在使用结构上，污染防治和生态保护支出增加 37.79 亿元，增长 53.67%；环保机构支出增加 21.18 亿元，增长 67.13%，高于排污费支出增长比例（64.37%）。

排污费收入六成用于污染防治和生态保护，三成用于环保机构支出。2010 年，排污费在用于环保机构支出的 52.77 亿元中，基本支出 12.81 亿元，占环保机构总支出的 24.28%，占排污费总支出的 7.74%；环保机构能力建设支出 31.23 亿元，占环保机构总支出的 59.18%，占排污费总支出的 18.88%；环境管理专项经费支出 8.72 亿元，占环保机构总支出的 16.52%，占排污费总支出的 5.27%。

① 资料来源：环保部环监局。

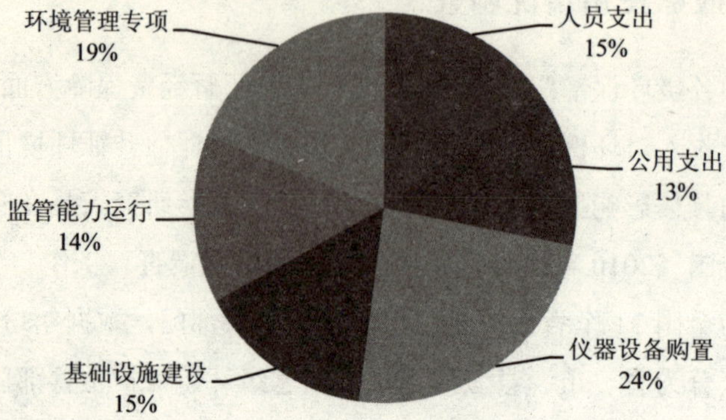

图 6-1　2010 年排污费用于环保机构支出占总支出的比重

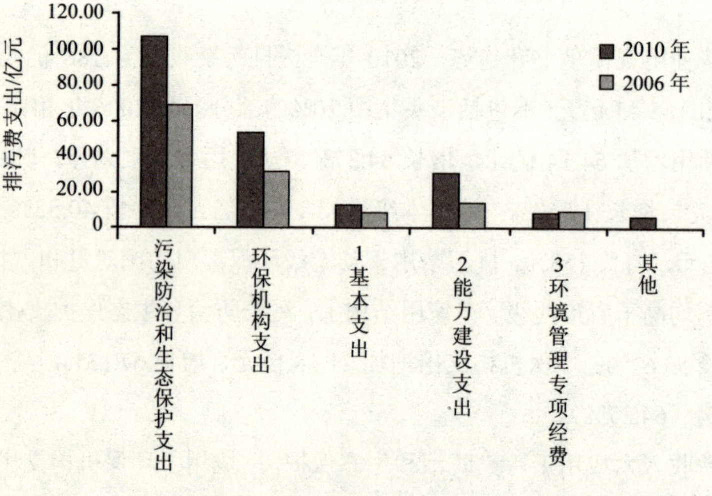

注：2006 年排污费使用不含新疆、海南、云南三省数据。

图 6-2　2010 年与 2006 年排污费使用情况比较

排污费用于环保机构支出的比例逐步加大。在环保机构增加的 21.18 亿元支出中，环保机构基本支出增加 5.47 亿元，增长 74.62%；能力建设支出增加 16.58 亿元，增长 113.33%；而环保机构环境管理专项经费支出则减少 0.87 亿元，下降

9.07%。由此可见，211 科目建立后环保机构支出依赖排污费收入的现象仍然严重，排污费用于环保机构的重点在于基本支出和环境监管能力建设。

6.1.2.2 分级使用情况

省级排污费主要用于污染防治，环保机构支出以能力建设支出为主，基本支出为零。2010 年省本级共安排排污费使用 39.31 亿元，占全国排污费使用总额的 23.76%。用于污染防治和生态保护的支出为 28.99 亿元，占本级排污费总支出的 73.75%；用于环保机构的支出为 10.17 亿元，占本级排污费总支出的 25.89%；用于其他方面的支出为 0.15 亿元，占本级排污费总支出的 0.38%。其中环保机构支出中，无基本支出；环保机构能力建设支出 8.23 亿元，占本级环保机构总支出的 80.84%，占当年本级排污费总支出的 20.94%；环境管理专项经费支出 1.94 亿元，占本级环保机构总支出的 19.06%，占当年本级排污费总支出的 4.94%。

市级排污费污染防治支出占比较大，环保机构支出以能力建设支出为主，少量用于专项支出和基本支出。2010 年地市本级共安排排污费使用 53.27 亿元，占全国排污费使用总额的 32.2%。用于污染防治和生态保护的支出为 33.93 亿元，占本级排污费总支出的 63.7%；用于环保机构的支出为 17.43 亿元，占本级排污费总支出的 32.72%；用于其他方面的支出为 1.91 亿元，占本级排污费总支出的 3.58%。其中环保机构支出中，基本支出 2.2 亿元，占本级环保机构总支出的 12.58%，占当年本级排污费总支出的 4.13%。环保机构能力建设支出 11.22 亿元，占本级环保机构总支出的 64.38%，占当年本级排污费总支出的 21.06%；环境管理专项经费支出 4.02 亿元，占本级环保机构总支出的 23.04%，占当年本级排污费总支出的 7.55%。

县级排污费支出规模最大，六成用于污染防治，四成用于环保机构支出。机构支出中能力建设与基本支出并重。2010 年县本级共安排排污费使用 72.86 亿元，占全国排污费使用总额的 44.04%。用于污染防治和生态保护的支出为 44.18 亿元，占本级排污费总支出的 60.64%；用于环保机构的支出为 25.16 亿元，占本级排污费总支出的 34.54%；用于其他方面的支出为 3.51 亿元，占本级排污费总支出的

4.82%。其中环保机构支出中，基本支出 10.62 亿元，占本级环保机构总支出的42.21%，占当年本级排污费总支出的 14.58%；环保机构能力建设支出 11.78 亿元，占本级环保机构总支出的 46.82%，占当年本级排污费总支出的 16.17%；环境管理专项经费支出 2.76 亿元，占本级环保机构总支出的 10.97%，占当年排污费总支出的 3.79%。

表 6-1 各级环保部门排污费使用情况 单位：亿元

项目	省级	市级	县级
污染防治和生态保护支出	28.99	33.93	44.18
环保机构支出	10.17	17.43	25.16
1 基本支出	0.00	2.19	10.62
2 能力建设支出	8.23	11.22	11.78
3 环境管理专项经费	1.94	4.02	2.76
其他	0.15	1.91	3.51
合计	39.31	53.27	72.86

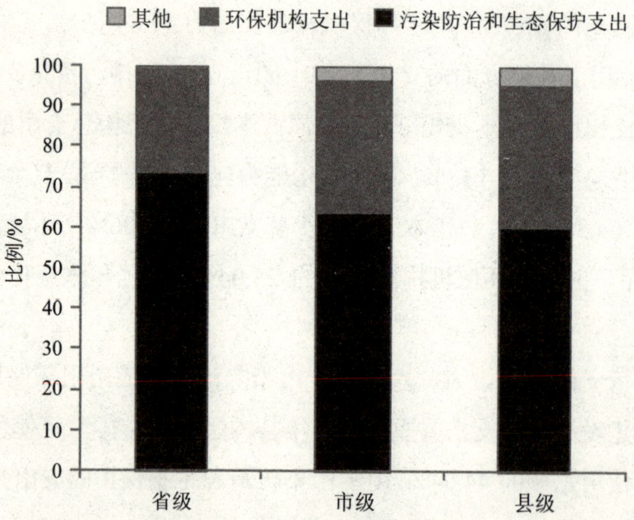

图 6-3 2010 年全国省市县环保部门排污费使用对比情况

6.1.2.3　分地区使用情况

东部地区排污费支出规模远高于中、西部。主要用于污染防治支出；机构支出比重较小，主要用于能力建设，少量用于机构基本支出。2010 年东部地区共安排排污费 75.1 亿元，占全国排污费使用总额的 45.4%。其中污染防治和生态保护支出 56.24 亿元，占本地区排污费总支出的 74.89%；环保机构支出 16.57 亿元，占本地区排污费总支出的 22.06%；其他方面支出 2.29 亿元，占本地区排污费总支出的 3.05%。在环保机构支出中，基本支出 4.25 亿元，占本地区环保机构支出的 25.65%，占本地区排污费总支出的 5.66%；环保机构能力建设支出 8.98 亿元，占本地区环保机构总支出的 54.19%，占当年本地区排污费总支出的 11.96%；环境管理专项经费支出 3.34 亿元，占本级环保机构总支出的 20.16%，占当年本级排污费总支出的 4.45%。

中部地区排污费用于污染防治支出和环保机构支出并重，在机构支出上基本支出和能力建设支出的规模都显著高于东、西部地区。2010 年中部地区共安排排污费 55.5 亿元，占全国排污费使用总额的 33.55%。其中污染防治和生态保护支出 30.39 亿元，占本地区排污费总支出的 54.76%；环保机构支出 23.17 亿元，占本地区排污费总支出的 41.75%；其他方面支出 1.93 亿元，占本地区排污费总支出的 3.48%。在环保机构支出中，基本支出 6.23 亿元，占本地区环保机构支出的 26.89%，占本地区排污费总支出的 11.23%；环保机构能力建设支出 14.26 亿元，占本地区环保机构总支出的 61.55%，占当年本地区排污费总支出的 25.69%；环境管理专项经费支出 2.69 亿元，占本级环保机构总支出的 11.61%，占当年本级排污费总支出的 4.85%。

西部地区使用排污费的规模和比重均低于东、中部地区，污染防治支出比重略高于环保机构支出，机构支出主要用于能力建设，少量用于机构基本支出。2010 年西部地区共安排排污费 34.84 亿元，占全国排污费使用总额的 21.06%。其中污染防治和生态保护支为 20.47 亿元，占本地区排污费总支出的 58.75%；环保机的支为 13.03 亿元，占本地区排污费总支出的 37.4%；其他方面支为 1.35 亿元，占本地区排污费总支出的3.85%。在环保机构支出中，基本支出2.34亿元，占本地区环保机构支出的17.96%，占本地区排污费总支出的6.72%；环保机构能力建设支出8亿元，占本地区环保机构总支出的61.4%，占当年本地区排污费总支出的22.96%；环境管理专项经费支出2.69亿元，占本级环保机构总支出的20.64%，占当年本级排污费总支出的7.72%。

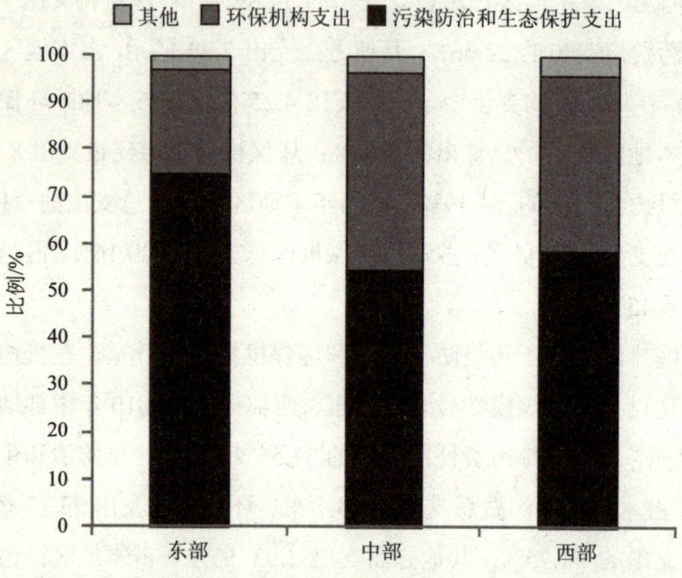

图6-4 2010年东、中、西部环保部门排污费使用对比情况

6.1.3 排污费保障环保部门经费的问题

一是经费缺口总量较大，支出保障程度不足。从供养范围看，2010年全国环保系统实有人员221 196人，财政补助人员总数为171 240人，补助覆盖面只有77.42%。其中在职人员财政供养比例为78.09%，其他人员则为45.19%，不足半数。从供养水平看，2010年人员经费缺口为65.82亿元，公用经费缺口达26.81亿元，较2004年分别增加了32.94亿元和11.2亿元，共计增加44.14亿元。此数据还不包括监督执法经费和能力建设资金缺口。支出保障不足尤其是基本支出保

障不足，迫使一些基层环保部门在地方政府默许下使用排污费用于机构基本支出。

二是环保部门经费对排污费倚重显著。从全国总体情况来看，排污费收入已构成环保部门经费的重要来源，占经费来源比重的三至四成。而且这种重要程度随部门行政级次的降低而提升，各级环保部门尤其是县级环保部门对排污费收入倚重很大。2010 年，部门经费来源总额 335.23 亿元，其中来源于排污费收入安排的经费占经费总额 31.85%，贡献率位列财政拨款之后，位列第二位。其中，县级部门经费中排污费贡献率高达 37.78%，高于国家平均水平。值得注意的是，地方在实际操作过程中，往往存在间接的排污费“以收定支”的局面，许多来源于财政预算的经费安排往往也直接或者间接地与排污费收入情况挂钩。

三是机构编制数不足，人员经费保障不够。环保系统人员编制多年来未有调整，不能有效满足环保工作任务需求。2010 年全国环保系统人员编制数为 159 410 人，实有人数 178 171 人（不含离退休人员），超编 18 761 人，另有长期聘用人员 13 150 人。其中县级机构超编现象最为严重，共超编 21 304 人[①]，超编率为 22.1%。人员超编进一步加大了财政拨款补助资金的缺口。2010 年，全国人员经费总需求量为 145 亿元，其中县级 102 亿元，市级 32 亿元，省级 9.8 亿元。财政实际人员补助总量 79 亿元，人员经费缺口情况总计 66 亿元，其中县级 59 亿元，市级 4.4 亿元，省级 2.7 亿元，省级、市级机构支出财政保障相对到位，而县级机构由于机构数量大，人员多，各地财政水平又存在较大差距，导致人员经费缺口较大。

四是公用经费供给严重不足。全国各级环保机构都存在公用经费不足的问题，加剧了部门经费保障紧张局面，导致环保机构不得不从排污费等其他渠道弥补公用经费不足来保证日常工作的开展。2010 年全国环保系统合计公用经费需求总量 68.6 亿元，其中省级 6.3 亿元，市级 18.2 亿元，县级 44 亿元。财政实际补助情况为，省级 2.7 亿元，市级 10.8 亿元，县级 28.4 亿元。省、市、县三级公用经费缺口分别达到 3.6 亿元、7.4 亿元、15.6 亿元，地方三级环保机构公用经费缺口总计达 26.6 亿元。

① 县级超编人数大于全国计算的超编人数，原因是因为省、市级实有在职人数少于编制数，抵消了部分县级超编数字。

五是能力建设基础薄弱，建设资金渠道狭窄。环境监管能力建设属于环保系统自身能力建设的重要任务，资金来源问题不落实一直是制约能力建设的主要瓶颈，多年以来排污费收入成为监管能力建设的重要来源。我国环保机构能力建设支出对排污费的倚重十分明显。根据“211 环境保护”预算支出科目实施情况调查，全国范围内环保机构将排污费收入用于能力建设的现象十分普遍，约有 51%的环保机构将排污费收入用于能力建设支出，主要用于仪器设备购置、基础设施建设，以及监管能力运行等方面。2010 年全国各级环保部门资金安排 244.84 亿元，包括部门经费预算、环保专项经费和其他收入支出。其中在能力建设支出方面共计安排 40.24 亿元，占总资金额的 16.4%。其中，排污费用于能力建设支出共计 31.23 亿元，占能力建设安排资金的 77.61%。从整体来看，我国环保机构能力建设支出对排污费的倚重程度十分高。能力建设支出不足的问题在全国范围内普遍存在，甚至在北京、上海等经济发达地区的环保机构，也存在能力建设经费不足的问题。

六是排污费收入用于机构运行支出的现象普遍存在。从金额方面看，2010 年全国共安排排污费使用 165.43 亿元（不含中央集中 10%的部分），其中用于污染防治和生态保护的支出占总支出的 64.73%；用于环保机构的支出为 52.73 亿元，占总支出的 31.9%。更早前的一项“211”科目调查显示[①]，2006 年全国排污费用于环保机构支出的比重为 31.17%。因此，我国使用排污费用于机构支出的现象并未得到改善，与过渡期结束后的 2006 年基本持平。

6.2 环境保护税实施后环保部门经费保障

鉴于环保税的开征并不以筹集资金为主要目的，同时考虑原有排污收费属于地方财政收入，将环保税确定为地方税有利于调动地方进行环境保护的积极性，增强其治理区域性污染的能力，也有利于缓解和消除地方保护主义对环境保护的

① 吴舜泽、朱建华、逯元堂、金坦：《“211 环境保护”科目建立和实施并未有效扭转环保机构经费“有渠无水”的状态》，载于《重要环境信息参考》2009 年第 5 卷第 7 期（总第 63 期）。

障碍。对于由于环境问题存在着一些跨地区、大面积污染以及全流域污染无人治理的问题，通过完善相关法律制度，以及加大中央财政拨付来解决。

6.2.1　税收收入使用方式研究

6.2.1.1　我国税收使用方式

通常来讲，税收收入是由国家预算统一安排使用，成为普通财政资金；环境保护税收入在进行公共财政预算开支时，也不考虑其收入来源的环境属性，和一般预算资金一样，按照整个社会公共管理和服务项目的需要，综合进行预算支出。用于固定资产投资、物资储备、文教、行政、国防、援外等支出，这一点也是税收与费的显著区别之一。我国现行税制中除城市维护建设税和车辆购置税外其他税种收入全部纳入国家预算统一安排使用。

作为特例之一的城市维护建设税在收入使用方面的规定是:《中华人民共和国城市维护建设税暂行条例》第一条“为了加强城市的维护建设，扩大和稳定城市维护建设资金的来源，特制定本条例。”第六条“城市维护建设税应当保证用于城市的公用事业和公共设施的维护建设，具体安排由地方人民政府确定。”

另一个特例是车辆购置税。国务院《交通和车辆税费改革实施方案》中明确提出：车辆购置税收入，由中央财政根据交通部提出、国家计委审批下达的公路建设投资计划，统筹安排，主要用于国道、省道干线公路建设。2011 年 4 月 14 日，为加强车辆购置税用于交通运输重点项目专项资金的使用管理，进一步促进交通运输事业顺利发展，财政部联合交通运输部制定并发布了《车辆购置税用于交通运输重点项目专项资金管理暂行办法》(以下简称《办法》)。根据《办法》，车购税用于交通运输重点项目专项资金是指中央财政从车购税收入中安排的，用于地方交通运输重点项目支出的专项资金。

对于专项资金的使用范围和预算管理方式,《办法》明确，专项资金的使用范围包括纳入交通运输行业规划范围的公路（含桥梁、隧道）建设、公路客货运枢纽（含物流园区）建设、内河水运建设以及国务院和财政部批准的其他支出。专项资金按项目管理，实行财政专项转移支付，不得用于平衡一般财政预算。专项资金的项目管理以交通运输主管部门为主，资金管理以财政主管部门为主。

根据《办法》，交通运输部建立项目库并与财政部共享。交通运输部对地方上报的项目进行审核，将符合条件的项目纳入项目库，并会同财政部通知有关省（市）交通运输、财政主管部门，项目库实行滚动管理。专项资金的补助标准原则上五年确定一次。由交通运输部会同财政部确定补助标准的基本原则。办法同时要求，交通运输部根据财政部下达的车购税收支规模，提出年度各类型项目资金规模建议报财政部审定。专项资金的使用部门应当按照预算安排级次和决算管理的相关规定编制专项资金年度决算，纳入部门决算报同级财政主管部门审批。专项资金项目支出预算如当年未执行完毕，可结转下年度继续使用。

6.2.1.2 国际上环保税收使用实践

OECD 国家较早引入包括环保税收在内的环境经济政策作为环境管理手段之一，其环保税制的建立是从 20 世纪 70 年代始，最早是依据“污染者付费原则”进行补偿成本形式的收费。随着税收理论和时间发展，1980 年后，环保税体系中逐渐出现了排污税、产品税、能源税、碳税等税种，建立起了比较完整的有利于经济与环境相协调的环保税制。90 年代初，经过对税收制度进行调整，一些 OECD 国家已经将环保税纳入整体的税制结构，综合考虑税收对经济和环境的调控作用。下面我们主要以 OECD 国家普遍开征的硫税、COD 税和 NO_x 税的收入使用及返还为例介绍国际上环保税的收入使用情况。

（1）丹麦的环保税及收入使用返还

丹麦目前征收了硫税和 COD 税，两者的收入归属及使用有很大不同。1996 年，丹麦引入硫税（含 SO_2 税），使用所有类型的能源产生的 SO_2 排放都要征收此税，税率约为 1.4 美元/kg 硫。此项税收收入一般通过补贴和减少雇主缴纳的社会保险金而返还给缴税企业，以此体现环保税制的“收入中性”特点。在税收返还方面，主要体现在烟气脱硫的返还，即企业已经按照燃料的硫含量缴纳税款后，针对其采取脱硫设施而减少的 SO_2 排放量会给予税款返还。

而 COD 税主要对污水处理厂或污水处理设施的运营单位征收，税基是污水中的有机物含量，按季度缴纳。收入全额归中央政府，统一纳入预算管理，没有实行专款专用。税收返还主要涉及鱼品加工、有机色素、凝胶和纤维素的生产，如果企业 80%的生产活动与这些领域相关、且缴纳的 COD 税超过 20 000 丹麦克朗/年，其超过的金额可以获得 97%的税款返还，有力地支持了以上行业的发展。

（2）瑞典的环保税及收入使用返还

瑞典是世界上最早开征环保税的国家，也是最早实现由“收入税”向“能源税”和“污染税”转移的国家。该国针对 SO_2 和 NO_x 分别征收了硫税和 NO_x 费。环保税在瑞典的环境保护中起到了重要作用，根据瑞典统计局的数据，2010 年瑞典环保税收入约为 895.71 亿瑞典克朗，约合 135.07 亿美元，占 GDP 近 3%。

硫税于 1991 年开始征收，对象为使用燃料油、煤、天然气的所有部门，与丹麦 COD 税一样，瑞典硫税收入不实行专款专用，纳入财政预算管理。但对除汽油外所有用于火车、船舶、航空器的燃料、硫含量在 0.05%以下等的油品进行了豁免；对于采取了削减措施的企业按一定比例返还税款后，针对其采取脱硫措施而减少的 SO_2 排放量会给予税收返还。

NO_x 费只针对发电厂，征收对象为有效能源输出量在 25 GW·h 以上的锅炉、固定燃烧装置和燃气涡轮。在税款返还方面，NO_x 费收入的 0.7%作为支付国家环境保护部门的管理费用，剩余 99.3%按照电厂的能源产出量返还。

（3）挪威的环保税及收入使用返还

挪威是实施环保税较早的国家，1971 年该国直接对矿物油中的硫黄征收环保税。2003 年中央政府的税收有 10.75%来自于能源和环保税，相当于该国 GDP 的 4.92%。挪威征收的环保税种类很多，包括矿物产品 CO_2 税、硫税、NO_x 排放税、汽油税、汽车柴油税、润滑油税、废弃物最终处理税等近 20 种环保税。

挪威 NO_x 排放税于 2007 年实施，以实际或估算的 NO_x 排放量为税基。由于挪威大型的 NO_x 工业排放源很少，该税主要适用于运输船只和捕鱼船只。收入并未专款专用，而是纳入一般财政预算管理。

（4）波兰的环保税及收入使用返还

波兰的环境收费也具有“无偿性”和“强制性”的特点，因此许多研究将波兰的环境收费认为是“税”，在此我们也将其作为环保税来论述。波兰对空气污染统一收费，征收对象包含了 SO_2、NO_x 等 63 种污染物。大多对都是根据实际或者估算的排放量进行收费。

收入主要是形成各级环境基金，用于各项污染治理或其他环境领域。其中 SO_2 和 NO_x 费使用比例为：24%进入国家环境基金，46%进入省环境基金，20%进入市环境基金；COD 费的使用为：19.6%进入国家环境基金，50.4%进入省环境基金，20%进入市环境基金，10%进入县级环境基金。

（5）西班牙的环保税及收入使用返还

西班牙各自治区有独立的税权，因此全国范围内税收情况各不相同，在此以 Aragon 地区和 Cantabria 地区为例介绍有关情况。

Aragon 地区的 SO_2 税和 NO_x 税是基于污染物的年排放量进行征收。税收收入都归州政府所有，实行专款专用，主要用途为防治和修复受污染的环境。同时设立了税收豁免，对生物燃料和生物能源、造纸、化学制品的生产、电力生产和传输等行业中超过分配指标但已在欧盟排放权市场购买了许可的那部分 SO_2 和 NO_x 排放给予豁免。

COD 税收入归地区政府所有，实行专款专用，用于资助本地区的水资源修复和净化等。西班牙的另一个地区 Cantabria 地区也同样征收 COD 税，收入实行专款专用，使用则有所不同，用于资助污水处理设施的建设投资以及相应的运行、管理和维护等方面的必需性支出。

6.2.1.3 环保税收入使用经验总结

环保税收入如何使用是较为复杂的问题，既涉及环境保护，又与财政支出密切关联。结合主要国家的实践做法，环保税收入的使用安排一般是从使用方式和使用用途两个方面来进行划分和把握。

（1）按使用方式分类

如果按照环保税收入的使用方式来进行分类，环保税收入的使用一般可以分为专款专用、纳入公共财政一般预算和税收返还三种方式。

第一种是专款专用方式。专款专用可以理解为将特定的收入指定用于特定公共服务的筹资，专款专用主要是一个公共财政问题。环保税收入的专款专用方式主要是指环保税收入所筹集的资金款专门用于某类环境项目或其他特定支出项目的使用方式。即环保税的收入主要用于对污染者的生产补贴、补偿其污染削减成本和资助一些大型的环境工程或清洁生产计划等。选择这种方式的原因为：资金的专项使用能极大地加强生态税收在政治上的可接受性，而这对于纳税人来说，其缴纳的税费在某种意义上以服务、公用设施、拨款，以及其他可以看见的形式“返还”给了纳税人，且税收的分配对于公众（包括污染者和环保团体）具有透明性。

第二种是纳入公共财政一般预算方式。与专款专用方式相比，这一方式在预算收入和预算支出上不具有专门性或指定性，而是采用一般预算方式，纳入一般财政预算管理。即对环保税收收入进行统一支出分配，不指定用途，或限定支出仅用于减少其他税收扭曲，在这方面 OECD 国家主要采取了以下三种做法：一是环保税的收入用于减低个人所得税收入；二是税收返还用于减低雇主应缴纳的社会保障金；三是税收返还同时降低企业和雇员的其他税收负担。这些做法体现了 OECD 国家在环保税制改革中所倡导的收入中性原则，即政府在一定程度上将税基由劳动所得转向环境污染，纳税人不会因为环保税的调整而增加额外负担。这种设计适用于在总体税负水平较高的情况下减小开征新税可能遇到的阻力。

第三种是税收返还方式。这一方式是指直接把环保税收入按照有关法律规定，返还给特定的纳税主体。该方式与前面两种差异较大，不涉及环保或其他投资项目的问题。

（2）按使用用途分类

环保税收入的使用按照其使用用途和投向划分，可以分为用于生态环境保护、用于降低劳工税和所得税等有关扭曲性税收负担、用于增加公共开支，以及降低公共部门财政赤字四类。

一是用于生态环境保护。主要是指把环保税收入投向于生态环境保护项目之中，是环保税开征的主要目的之一，因此这一使用用途最符合环保税法律制度的价值取向，也是实践中环保税收入的最常见和最主要的用途。

二是用于降低有关扭曲性税收负担。在许多发达国家，一般都采用税收中性原则，尽量保持总体税收负担不变，用新增的环保税收入来降低劳工税和所得税等对经济发展具有扭曲性影响的税负，从而大大增加了环保税的可接受性。挪威、芬兰等北欧国家就是采用这一方式来推进其环保税改革的。

三是用于增加公共开支。现代政府的公共职能一直处于不断膨胀和扩展中，相应的公共开支需求也不断扩大。因此，新增的环保税收入可以用来增加政府的公共开支。

四是用于降低公共部门财政赤字。在政府公共开支需求不断扩大的形势下，必然可能导致公共部门财政赤字的出现，即“入不敷出”。而且，有时为了经济发展形势的需要，政府也有可能采用“赤字财政”的经济政策。但财政赤字的长期存在必然会影响经济的健康发展，而环保税收入就可以来弥补和降低财政赤字。

（3）两种分类标准的关系

对环保税收入的使用分别按照使用方式和使用用途进行分类，是为了更好地了解环保税收入究竟是如何使用的。事实上，这两种分类标准之间的关系也非常密切、互相影响。例如，环保税收入的专款专用主要都是投向于各类环境保护项目和降低有关扭曲性税收负担，纳入公共财政一般预算则既可以向环境项目投资，也可以用于增加公共开支、降低公共部门财政赤字。而从发达国家的制度实践看，无论是在使用用途方面，还是在使用方式方面，都不是非此即彼的排他性选择，而是在综合考虑各种情况的基础上，兼采多种用途和多种方式。

6.2.2 燃油费改税部门经费保障经验借鉴

2008 年成品油价税费改革后，交通部门取消了公路养路费、航道养护费、公路运输管理费、公路客货运附加费、水路运输管理费、水运客货运附加费六项收费，其在费改税后资金使用及部门经费保障方面的成功做法和经验，值得参考借鉴。

6.2.2.1　燃油税改革方案

根据《国务院关于实施成品油价格和税费改革的通知》(国发〔2008〕37 号)，燃油税费改革的基本内容包括：

一是取消公路养路费等收费。取消公路养路费、航道养护费、公路运输管理费、公路客货运附加费、水路运输管理费、水运客货运附加费六项收费。

二是逐步有序取消政府还贷二级公路收费。制定实施方案和中央补助支持政策，由省、自治区、直辖市人民政府根据相关方案和政策统筹研究，逐步有序取消政府还贷二级公路收费。各地可以省为单位统一取消，也可在省内区分不同情况，分步取消。实施方案由国家发展改革委会同交通运输部、财政部制订，报国务院批准后实施。

三是提高成品油消费税单位税额。汽油消费税单位税额每升提高 0.8 元，柴油消费税单位税额每升提高 0.7 元，其他成品油单位税额相应提高。加上现行单位税额，提高后的汽油、石脑油、溶剂油、润滑油消费税单位税额为每升 1 元，柴油、燃料油、航空煤油为每升 0.8 元。成品油消费税计征方式实行从量定额计征，价内征收。成品油消费税属于中央税，由国家税务局统一征收（进口环节继续委托海关代征)。

表 6-2　燃油税费改革前后的成品油消费税税率对比　　单位：元/L

燃油税税目	改革前成品油消费税税率	提高的税率	改革后成品油消费税税率
汽油			
含铅汽油	0.28	1.12	1.4
无铅汽油	0.20	0.8	1.0
柴油	0.10	0.7	0.8
航空煤油	0.10	0.7	0.8
石脑油	0.20	0.8	1.0
溶剂油	0.20	0.8	1.0
润滑油	0.20	0.8	1.0
燃料油	0.10	0.7	0.8

数据来源：国家税务总局。

6.2.2.2 燃油费改税收入使用政策

改革后成品油消费税属于中央税。新增成品油消费税具有专项用途，由中央财政通过规范的财政转移支付方式分配给地方。改革后形成的交通资金属性不变、资金用途不变、地方预算程序不变、地方事权不变。

（1）燃油费改税新增收入使用

新增成品油消费税不作为经常性财政收入。根据《国务院关于实施成品油价格和税费改革的通知》（国发〔2008〕37 号），新增成品油消费税连同由此相应增加的增值税、城市维护建设税和教育费附加具有专项用途，不作为经常性财政收入，不计入现有与支出挂钩项目的测算基数，除由中央本级安排的替代航道养护费等支出外，其余全部由中央财政通过规范的财政转移支付方式分配给地方。改革后形成的交通资金属性不变、资金用途不变、地方预算程序不变、地方事权不变。具体转移支付办法由财政部会同交通运输部等有关部门制定并组织落实。

新增税收收入按以下顺序分配。一是替代公路养路费等六项收费的支出。具体额度以 2007 年的养路费等六费收入为基础，考虑地方实际情况按一定的增长率（实际的增长率选择为 10%）来确定。二是补助各地取消政府还贷二级公路收费。每年安排一定数量的专项补助资金，用途包括债务偿还、人员安置、养护管理和公路建设等。根据《取消政府还贷二级公路收费中央补助资金管理办法》（财建〔2009〕490 号），取消政府还贷二级公路收费中央补助资金是指中央财政从成品油价格和税费改革后新增的成品油消费税收入中安排的，用于补助地方开展取消政府还贷二级公路（含在二级公路上的隧道、桥梁，下同）收费工作的专项资金。补助资金每年定额安排 260 亿元。三是对种粮农民增加补贴，对部分困难群体和公益性行业，考虑用油量和价格水平变动情况，通过完善成品油价格形成机制中相应的配套补贴办法给予补助支持。四是增量资金，按照各地燃油消耗量、交通设施当量里程等因素进行分配，适当体现全国交通的均衡发展。

补贴的具体安排如表 6-3 所示。

表 6-3　对种粮农民、部分困难群体和公益性行业的补贴规定

补贴对象	补贴规定
种粮农民	当年成品油价格变动引起的农民种粮增支，继续纳入农资综合直补政策统筹考虑给予补贴。对种粮农民综合直补只增不减
城市公交、农村道路客运（含岛际和农村水路客运）、林业、渔业	成品油价格调整影响上述行业增加的成本，由中央财政通过专项转移支付的方式给予补贴。补贴比例按现行政策执行，补贴标准随成品油价格的升降而增减，具体补贴办法由财政部商有关部门另行制定。新的补贴办法从 2009 年起执行
出租车	在运价调整前，因油价上涨增加的成本，继续由财政给予临时补贴
低收入困难群体	各地综合考虑成品油、液化气等调价和市场物价变动因素，继续做好城乡低保对象等困难群体基本生活保障工作

（2）成品油税费改革转移支付的具体规定

根据《中央对地方成品油价格和税费改革转移支付办法》（财预〔2009〕14 号），中央对成品油消费税改革形成的财政收入进行转移支付的规定为：

转移支付规模的确定。每年中央财政用于对地方转移支付的规模，根据当年因实施成品油税费改革形成的财政收入总额和改革基期年“六费”收入等占按改革相关因素测算的财政收入的比例确定。其计算公式为：

转移支付总额 ＝ 当年成品油税费改革形成的财政收入×改革基期年“六费”收入等占按改革相关因素测算的财政收入的比例

式中，当年成品油税费改革形成的财政收入包括：提高汽油等油品单位税额增加的消费税以及由此相应增加的增值税、城市维护建设税和教育费附加。

实际上，改革基期年“六费”收入等占按改革相关因素测算的财政收入的比例，就是 2008 年的“六费”收入等（具体是以 2007 年地方“六费”收入和一定的增长率进行测算的结果），与 2008 年按照燃油税费改革的相关因素（成品油消费税单位税额提高等）测算出的财政收入（包括改革增加的消费税，以及相应增加的增值税、城建税和教育费附加）。

转移支付资金的分配。转移支付采取基数加因素的办法，分为替代性返还和增长性补助两部分。计算公式为：

中央对地方转移支付额 = 替代性返还 + 增长性补助

替代性返还是指替代地方原有“六费”收入基数给予的返还。即以2007年地方“六费”收入为基础，增加一定的增长率确定。从2009年开始，如果改革形成的收入能够比原来测算的收入增长超过10%，中央财政将安排增长性补助。

增长性补助是指当年转移支付总额扣除替代性返还后的增量资金的分配，60%按照各地成品油消耗量分配，40%按照公共基期年公路规费和水路规费的比重、影响公路养护和建设以及航道养护的客观因素分配。影响公路养护和建设的因素为当量公路里程、路网密度、路况指数，权重分别为20%、15%和5%。影响航道养护的因素为当量航道里程。

增长性补助计算公式为：

某地增长性补助=成品油消耗量分配数+公路养护和建设分配数+航道养护分配数

式中，成品油消耗量分配数=全国增长性补助总额×60%×（该地上年成品油消耗量/全国上年成品油消耗量）

公路养护和建设分配数=全国增长性补助总额×改革基期年公路规费占比×（该地当量公路里程/全国当量公路里程×20%+该地路网密度因素×15%+该地路况指数因素×5%）

航道养护分配数 = 全国增长性补助总额×改革基期年水路规费占比×（该地当量航道里程/全国当量航道里程×40%）

6.3 环保部门经费保障政策建议

6.3.1 完善环境保护预算管理制度

6.3.1.1 加强环保基本支出预算保障

部门预算中的基本支出预算是指为保障机构运转、完成日常工作任务而编制的年度基本支出计划，包括人员经费和日常公用经费两部分。人员经费是指维持机构正常运转且可归集到个人的各项支出，公用经费主要是指维持机构正常运转但不能归集到个人的各项支出。根据前文分析，有些地方环保机构的基本支出预算还来源于排污费安排。

排污费改环保税后，首先，基本支出按定员定额办法保障到位，适应实际变化调整相关定额标准，日常公用经费保障上加强综合定额标准的测算和保障力度。

其次，会同财政部制定“基层级环保部门公用经费保障标准”。长期以来，地方环保部门公用支出预算受地方财力的制约，预算安排和保障水平低、不能完全满足实际工作需要，这种情况在全国基层环保部门普遍存在，使环保部门在职责履行上缺乏充分的条件保障。借鉴公安部门制定县级公用经费保障标准的成功经验，建议协调财政部门要求各地按照实际需求制定市、县级环保机构公用经费保障标准以供执行。

6.3.1.2 推进环保项目库预算管理

环保项目支出包括环保基本建设、环保事业发展专项计划、专项业务费、大型修缮、大型购置等。项目支出按照专项性、独立性和完整性来设立[①]。项目支出预算是围绕着“预算项目”编制的支出计划。各级环保部门应当会同同级财政部门，按照科学论证、合理排序的原则来安排年度项目支出预算，并在项目预算执行中进行追踪问效。

可借鉴中央部门的做法，将专项项目分为国家和地方政府已研究确定项目、经常性专项业务经费项目、跨年度支出项目和其他项目四类。其中“前三类支出项目”中的延续项目予以优先排序，其他项目按照项目的轻重缓急，择优遴选后进行排序。

① 专项性是指项目支出预算是具有特定目标，为了完成特定工作任务而编制的经费支出预算，针对不同目标或任务应分别设立项目；独立性是指每个项目支出预算应有其支出的明确范围，项目之间支出不能交叉，项目支出与基本支出之间不能交叉；完整性是指项目支出预算应完整体现为完成特定目标或任务所开支的全部支出内容，避免将为一个目标或任务而发生的支出拆解分散到多个项目支出中去。

6.3.1.3 建立环保项目支出定额标准体系

定额标准是编制项目支出预算的重要基础和依据。目前中央本级项目支出标准体系建设工作已经启动，也陆续制定了一些通用项目支出标准和专用项目支出标准。但是，总体来看，目前的项目支出标准数量还很少，覆盖面也较窄，面临着中央部门项目数量繁多，内容庞杂，涉及面广，情况复杂等挑战。项目支出标准体系的建设是财政预算改革的重要内容。

制定环保部门专用定额标准。项目支出定额标准包括通用定额和专用定额标准两类。通用定额标准具有普遍适用性、相对稳定性和引导示范性，是整个支出标准体系的基础，也是制定专用定额标准和部门内部标准的依据。通用定额标准由财政部门制定并发布，环保专用定额标准由环保部具体制定，报财政部批准后，由财政部和环境保护部联合发布。当然，在制定专用定额标准的过程中，相关标准具体制定应考虑区域情况，必要的话，可以分区域确定定额标准。为了使定额标准体系建设工作早日见效，在夯实基础工作的前提下，要优先研制一批关键环节的重要标准并实际使用，在实践中不断完善。环保项目支出标准制定应把握以下原则：一是既要体现标准的公平性，又要兼顾物价水平；二是既要对部门实际预算执行有指导作用，又要考虑预算审核的可操作性；三是既要有分项标准，又要设计一些综合性标准；四是既要强调标准的权威性，又要适当增强标准的灵活性。

6.3.2 完善环境保护转移支付制度

2016 年中央财政对地方专项转移支付中，排污费支出预算数为 20 亿元，决算数为 20 亿元，为 2015 年决算数的 117.6%；大气污染防治资金、水污染防治资金、土壤污染防治专项资金三项合计转移支付预算数为 342.77 亿元，决算数为 333.77 亿元。在环境保护费改税初期，应加快完善环境保护转移支付制度。

第一，对环境基本公共服务差距较大的地区加大转移支付力度，增加一般性转移支付计算公式中环境因素权重，加大环境本底状况差、环境敏感度高、环境基本公共服务能力较低地区的转移支付力度。

第二，将县级环保支出纳入县级基本财力保障机制。县级基本财力保障机制是以实现县乡政府“保工资、保运转、保民生”为主要目标，通过财力性转移支付来主要保障基层政府人员经费、公用经费、民生支出和其他必要支出等，其中民生支出主要包括中央统一制定政策，涉及农业、教育、文化、社会保障、医疗卫生、科学技术、计划生育、环境保护、保障性住房和村级组织运转经费等项目的支出。财政部 2010 年研究制定了《关于建立和完善县级基本财力保障机制的意见》，并在当年下达了县级基本财力保障机制奖补资金 475 亿元，2011 年增加到 775 亿元，2012 年又增加到 1 075 亿元，2013 年增加到 1 525 亿元。环保关乎民生，应将其与教育、卫生、社保和就业等民生事项一同重视，足额纳入县级基本财力保障机制中。

第三，基于环境保护的公益性、外部性等特殊因素以及地方政府投资偏好，需要稳定并进一步加大环保专项转移支付力度，强化资金管理使用、整合的顶层设计，形成合力，强化绩效，以进一步保障投入的定向效益。适度加大流域性、跨区域性污染治理支出责任，对国家确定的专项规划、计划和方案要给予适当的引导性资金支持，为最终财税、事权、财权、财力等方面的治本综合改革留出时间。

6.3.3　完善环保投融资体制

各级政府应以国民经济和社会发展规划以及环境保护专项规划为基础，在预算内足额安排环保基础设施建设项目的投资。同时，应积极建立规范的地方债务融资制度，在污水处理、生活垃圾处置等领域推进市政收益债券融资，以加快环境保护基础设施建设。此外，可在污水处理和垃圾焚烧之外的环保投融资领域积极推广 PPP（公私合作）机制，通过引入社会资本加快环保设施建设和运营。

对于一些标准化管理程度高、便于监督评价考核的环保公共服务，如城乡区域河道水域、公园湖泊水质养护、城乡植树种草，国家公园、自然保护区等环保、城乡公用土地的环境修复等环保公共服务，纳入政府购买环境公共服务范畴。转变环保经费保障方式，就是从以前的进行基础设施投入的“过程埋单”，转向按照“效果”来付费。这样做既有助于更加合理地使用财政资金，同时也可以吸引更多的社会资本，放大财政环保投入资金的作用。现阶段，对于环境监测类的环保公共服务，就完全可以通过购买服务的方式来提供，推进社会化。

第7章
环境保护税与税收绿色化

税收绿色化是一个更加广泛的概念，从这个层面理解环境保护税应是税收绿色化的一部分。本章从介绍环境税收的概念和环境税收政策总体框架入手，分析环保税对污染减排和行为调节的作用，介绍税收绿色化的国际经验和中国实践，研究资源税、消费税、车辆购置税、车船税、环保税等不同税种的现存问题及其绿色化发展方向。

7.1 环境保护税是环境税收政策的一部分

7.1.1 环境税概念

环境税的理论最先由英国福利经济学家阿瑟·庇古(Arthur Cecil Pigou)提出，在20世纪末国际财税学界兴起，旨在解决环境外部成本内在化问题。国内外对环境税有不同的称谓，如环境税收（environmental taxation)、生态税收（ecological taxation)、绿色税收（green taxation)、环境收费（environmental levy)、环境费(environmental fee)、环境污染税或费（environmental pollution tax/fee)、环境税(environmental tax)、与环境相关的税收（environmentally related taxes）等。

长期以来，国际上无论在理论界还是实践中，都没有形成一个被广泛接受的、公认的定义。关于环境税的名称和内涵的认识也没有达成一致，往往在不同语境中有着不同的表述。一般而言，环境税有广义和狭义之分，不同的学者由于研究视角不同，甚至对环境税的狭义与广义的认识也有着不同，也有研究人员认为环境税还存在介于广义和狭义中间的中意义的环境税①,②。从这些狭义的环境税概念的界定可以看出，比较一致的观点是，狭义的环境税是一类与生态环境保护密切相关的税收，保护环境是其主要政策目标，其调控范围相对较窄，调控的是各种不利于生态环境的行为，也称为独立环境税③。独立型环境税的类型可划分为污染排放税、污染产品税、碳税和生态保护税等。其中，污染排放税是对污染物（如废气、污水和固体废物等）的排放行为征收的环境税；污染产品税是对污染环境的产品（如能源燃料、臭氧损耗物质、化肥农药、含磷洗涤用品、汞镉电池等）的消费行为征收的环境税；碳税是对二氧化碳的排放行为征收的环境税；生态保护税是对资源开发利用（如矿产资源开采等）过程中破坏生态环境的行为征收的环境税。

2006 年，经济合作与发展组织（OECD）将环境税定义为：“政府征收的具有强制性、无偿性，针对特别的与环境相关税基的任何税收”。相关税基包括能源产品、机动车、废弃物、测量或估算的污染物排放、自然资源等④。这里的无偿性是指政府向纳税人提供的收益与纳税人的缴纳的税款不成比例”⑤,⑥。环境税是以对环境有负面影响的物质或替代物为税基的种税，如以一升汽油或一千克 SO_2 为税基，是与环境有关的诸多税种的一种统称。根据税基不同，将现有环境税归纳为四种类型：能源类、交通类、污染类和资源类⑦,⑧，目前，欧盟、OECD，按照其分类进行统计。以税名称出现的有硫税、氮氧化物税和水污染税等；另一类是针

① 李慧玲：《论环境收入税》，载于《现代法学》2007 年 29 卷第 6 期，第 119～127 页。

② 蒋俊锋：《浅论环境税》，载于《法制与经济》2006 年第 10 期，第 55～56 页。

③ 王金南、葛察忠等：《中国独立型环境税方案设计研究》，载于《中国人口·资源与环境》2009 年第 19 卷第 2 期，第 69～72 页。

④ OECD. The Political Economy of Environmentally Related Taxes，OECD Publications，2006.

⑤ OECD. The Political Economy of Environmentally Related Taxes，OECD Publications，2006.

哈维 • S. 罗森（Harvey S. Rosen）、特德盖亚（Ted Gayer）著，郭庆旺、赵志耘译，《财政学》，北京：中国人民大学出版社，2009 年版。

⑥ OECD. The Political Economy of Environmentally Related Taxes. OECD Publications. 2006.

⑦ OECD. The Political Economy of Environmentally Related Taxes，OECD Publications，2006.

⑧ OECD 环境税。

对造成污染的产品征收，如对化肥、农药、轮胎、化学试剂等产品使用征收产品税或消费税，如美国环境税即是针对污染产品征收的税。能源类环境税是针对能源消费征收的税种，从名称来看，有能源税、碳税、二氧化碳气候变化税、碳氢油税、燃油税。交通类环境税包括车辆税。涵盖购买、保有和使用各个阶段，有车辆注册税、汽车税、消费税或重量税等名称。绿色化改革的主要表现在税基与污染排放的关联性增强，如英国汽车税税率以二氧化碳排放量分档，南非对车辆排放二氧化碳征税。资源类环境税是针对资源开采过程征收，征收对象主要有能源、金属和非金属资源、林业资源等。有水资源税、资源超额利润税、矿业权有偿使用费等、英国的石方税、美国的石油开采税。

7.1.2　环境税收政策总体框架

环境保护的目标是防治环境污染、改善环境质量，维护人民健康和生命安全，因此环境税的征税对象应从以下 4 个方面考虑：①影响人体健康和生命安全的环境污染行为。②影响动植物保护、自然生态系统健康和食品安全的行为。③破坏生态环境安全的行为。我国目前大气污染严重，酸雨、雾霾天气，水环境安全受到威胁，土壤污染形势严峻、重金属污染防治任务艰巨。这是目前环境税重点调节的对象。④促进资源节约、循环经济和低碳发展的行为。

基于环境税收政策的上述目标和对象考虑，建议我国的环境税收政策框架如图 7-1。主要包括独立型环境税、融入型环境税、环境税费、税式支出 4 个组成部分[①]。本书重点设计独立型环境税政策。

① 王金南、葛察忠、高树婷等：《环境税收政策及其实施战略》，北京：中国环境科学出版社，2006 年版。

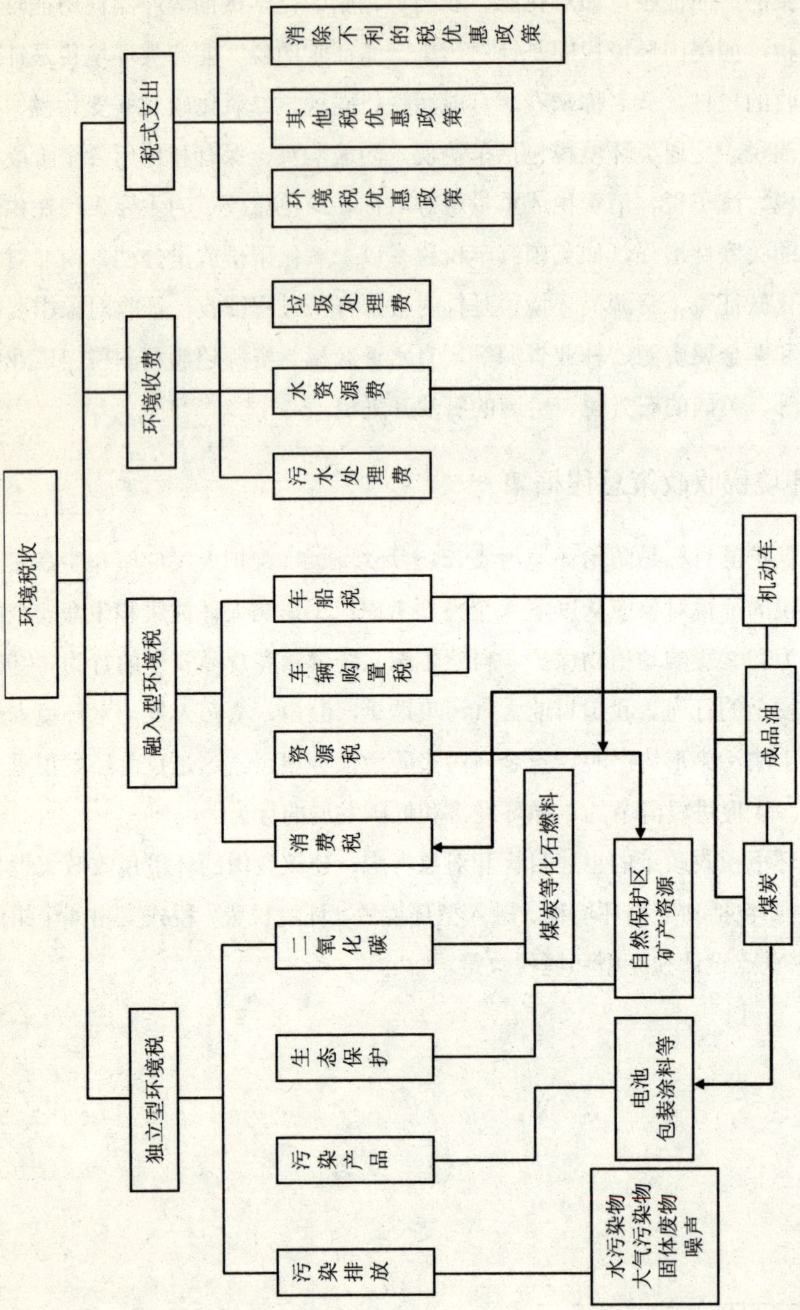

图 7-1 中国环境税收政策框架方案设计

独立型环境税。独立型环境税是指以减少污染或保护环境为基本目的所设立的独立税种（或若干个税种总称），发挥独立税种的作用。所谓独立型是指该税种相对于其他现有的税种（如资源税、消费税、所得税等）并行而独立运行的、由税收立法部门制定实施的税种。从环境保护的需求出发，维持现有税收政策不变，针对现有税种中没有涉及的环境问题综合设计环境税框架，主要分为污染排放、污染产品、生态保护和二氧化碳排放等税目。

融入型环境税。融入环境税方案是指不设立独立的环境税税种，通过对现有与环境相关的税种改革和完善，直接融入环境保护要求，达到保护环境的目的而设计的税收政策。虽然与环境保护相关的税种设立的基本目的不是保护环境，但是规定能够起到环境保护的作用，如我国的资源税和消费税。在现有税制基础上尽可能多的将污染环境、浪费资源的产品纳入现有税种中，尽可能将征税对象纳入现有与环境相关的税种，进行绿色化改革。从两个方面考虑，一是对现有消费税绿色化改革，将污染环境的产品纳入消费税，改变征收环节，抑制污染产品消费；二是调整机动车税制，进一步对车船税、车辆购置税进行绿色化改革。

环境收费政策。从经济学意义讲，基于激励目标的税费并无本质区别，与税收相比，收费的灵活性和目的性更强，而且随着我国财税体制改革，收费逐渐规范化。因此，暂不能改税的项目仍然保留收费，如城镇污水处理费等。在这种情况下，可能在较长的时期内，环境税与环境收费同时存在。环境税费并存不是对同一对象或者行为同时征税和费，而是根据税收原理，对于适合课税的对象征税，对于不适合征税的对象保留收费形式。

税式支出。除了设立独立的环境税种或者在相关税种的基本构成中做出规定外，通过税制的一些优惠规定也能起到鼓励环境保护行为的作用（这些税收优惠也称为税式支出），此外，可通过取消一些不利于环境保护的优惠政策达到保护环境的目的。目前在环境保护方面出台了一些优惠政策，如增值税、所得税中的税收减免、加速折旧等规定，取消了高污染产品的出口退税等政策。本书从三个方面考虑：一是在独立型环境税中设立优惠政策，对于污染控制水平先进的企业给予减免等优惠；二是完善目前税收优惠政策，给予环境友好企业、友好产品优惠，鼓励其产品出口，投资、维护、运行环境治理设施，加大技术研发投入；三是继续消除不利于环境保护的税收优惠政策。

7.2 税收绿色化有利于环保

环境保护税是通过政府干预，解决外部不经济性带来的影响，纠正市场失灵，创造公平的竞争环境。发达国家的经验也表明，经济手段是解决经济外部性问题的有效途径，环境税收制度有其他环境管理制度和经济手段无法比拟的优势。

7.2.1 环境税促进污染减排

环境税是环境外部性不经济性内部化的重要手段，征收环境税要有利于资源的有效配置，实现经济效益、社会效益和环境效益的统一。

如图 7-2 所示，由于征税导致行业的供给曲线由 S 移向 S'，对整个行业的征税额 $T_{总}=\Sigma T\times i$（i=1，2，…，n）$=P_1-P_2$，政府征收相当于矩形 P_1P_2CA 的税收，征收环境税使有污染的产出由 Q_0 减少到 Q_1。

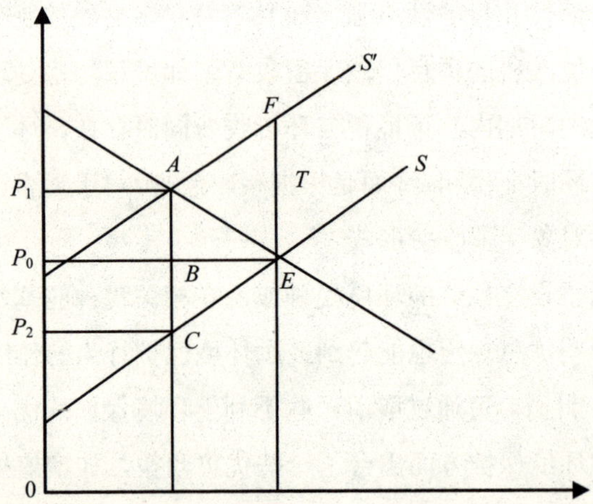

图 7-2 环境税的效应分析

通过征收环境税，使污染产品的产出减少，所造成的污染损失也随之减少，损失的减少表现为环境收益，其数量为菱形 *ACEF* 的面积。这是因为，每少消费一单位的污染产品可减少污染损失 MDC（T=MDC），减少（Q_0-Q_1）数量的污染产品的消费可减少 $T\times$（Q_0-Q_1）的环境损失，即获得 $T\times$（Q_0-Q_1）的环境收益，其数量正好是菱形 *ACEF* 的面积。

因此，征收环境税的社会净收益（NR）是政府税收加上环境收益，减去生产者剩余的减少量，再减去消费者剩余的减少量，即

$$\mathrm{NR}=P_1P_2CA+ACEF-P_0P_2CE-P_1P_0EA=AEF$$

通过分析图 7-2 还可知，征收环境税的税收效果与征收一般税种的税收效果是有差异的。征收一般税，会产生相当于三角形 *ACE* 面积的效率损失，这是实现社会公平（如征收累进税以缩小贫富差距）的代价。而征收环境税不仅可以促进社会公平（让生产者与消费者共同承担税收），而且还可以得到效率上的提高（整个社会获得 *AEF* 的净收益），兼顾了公平与效率。

7.2.2　环境税调节作用

环境税的本质就是一种行为调节税，调节作用表现为税收收入效应和替代效应。税收收入效应是指税收将纳税人的一部分收入转移到政府手中，使纳税人的收入下降，从而降低商品的购买量和消费水平。税收替代效应是指税收对纳税人在商品购买方面的影响，表现为政府对不同的商品实行征税或不征税、重税或轻税的区别对待时，会影响商品的相对价格，使纳税人减少征税或重税商品的购买量，而增加无税或轻税商品的购买量（图 7-3）。

图 7-3 中，横轴 X_1 和纵轴 X_2 分别代表商品 1 和商品 2 需求量，征税前（价格变化前），消费者预算线为 *AB*，与无差异曲线 U_1 相切于 *a* 点，在 *a* 均衡点上，相应的商品 1 的需求量为 OX_1'。假设对商品 1 征收环境税，由于征税商品 1 价格上升，预算线移至 *AB'*，新的预算线与另一条无差异曲线 U_2 相切于 *b* 点，在 *b* 均衡点上，相应的商品 1 的需求量为 OX_1'''。*FG* 为补偿预算线，与无差异曲线 U_1 相切于 *c* 点，在 *c* 均衡点上，相应的商品 1 的需求量为 OX_1''。征税后商品 1 需求量

减少 $X_1'X_1'''$，即征税的总效应，其中 $X_1'X_1''$ 为替代效应，$X_1''''X_1'''$ 为收入效应。

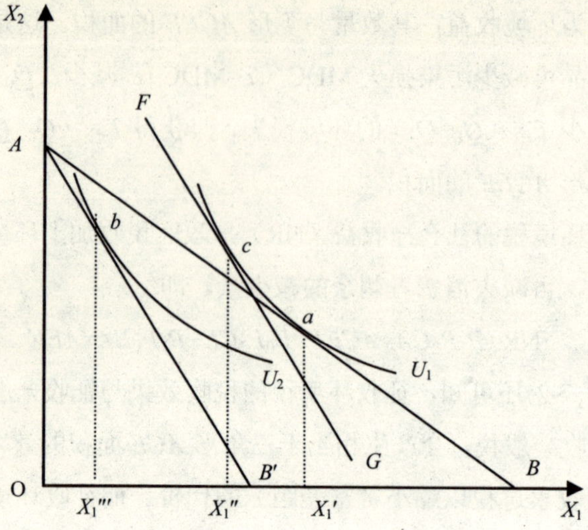

图 7-3　环境税的经济效应

政府选择会对环境产生污染的生产行为（产品）和消费行为（消费品）征收消费税，其目的就在于使生产者或消费者通过消费税的缴纳来承担其所产生的外部成本，从而使这些生产行为（产品）或消费行为（消费品）所产生的外部成本内部化。征税使生产者或消费者的消费成本变大，企业在利润最大化的目标约束下，消费者在效用最大化的目标约束下，必然会主动采取积极措施以减轻污染，如设置治污设施，选择低排量汽车等，从而达到减少消费和污染量的目的。如果生产者或消费者不采取措施，继续污染环境，政府可以通过提高税率的方法取得可观的税收收入，用于环境的治理。

7.3　税收绿色化国际经验

7.3.1　国际趋势

环境税在发达国家已经历了 50 多年的发展历程，特别是在过去 20 年，OECD

国家越来越多地引入和实施环境税，已形成了一套相对成熟的环境税体系。从国外环境税的具体应用来看，大体经历了三个阶段。

第一阶段是 20 世纪 60—80 年代，是各国单独、零散开征污染税阶段。为了应对 60 年代日益严重的环境污染问题，发达国家从 60 年代开始陆续出台了以治理污染为目的的各种污染税费。如法国于 1964 年开征水污染费，前联邦德国于 1969 年对润滑油制造商征收润滑油税等。这个时期的环境税主要体现为补偿治理成本的收费，其产生主要是基于“污染者负担”的原则，要求排污者承担监控排污行为的成本，种类主要包括用户费、特定用途收费等，尚不属典型的环境税，只能说是环境税的雏形。

第二阶段是 20 世纪 80—90 年代，是注重末端治理、针对投入物和排放物两端征收环境税的阶段。这个时期的环境税种类日益增多，如排污税、产品税、能源税等纷纷出现，包括燃油税、电力税、煤炭税、机动车税、气候变化税、包装税和资源类税收等。环境税一方面用于筹集财政收入；另一方面用于引导生产和消费。

第三阶段是 20 世纪 90 年代中期至今，是对税收体系全面绿色化阶段。随着人们环境保护意识的提高，环境保护措施也开始由末端治理转向全过程的污染防治。发达国家开始注重税收政策整体的绿色化改造，相继引入了碳税。荷兰、德国及北欧各国纷纷进行了税收制度绿色化改革。这个时期是环境税迅速发展的时期。为了实施可持续发展战略，各国纷纷推行利于环保的财政、税收政策，许多国家还进行了综合的环境税制改革。

总体来说，多数国家的环境税收政策主要从税收绿色化、消除不利于环境的补贴和引进新的环境税目这三个方面开展工作，这也代表了国际上环境税的发展方向。同时，越来越多的国家对固体废物、氮氧化物和二氧化硫等污染物征税或收费。同时，各国政府也在努力提高现有环境税的经济效率及环境效率。但是，在过去 10 年中，OECD 国家的环境税占 GDP 及总税收的比例却有逐渐下降的趋势。主要原因是关于在环境税中占很大比例的发动机燃油税，而各国油价上涨导致发动机燃油的需求受到遏制，同时实际的消费税率也有所下降。

7.3.2 总体规模和占比

环境税是一个规模相对较小但对环境保护很重要的政府收入来源。平均来看，OECD 成员国环境税总收入成增长趋势，但是环境税收收入占 GDP 的比例平均在 1.6%～1.9%。环境税收入占税收收入的比例平均为 5.11%～5.26%，呈下降趋势。

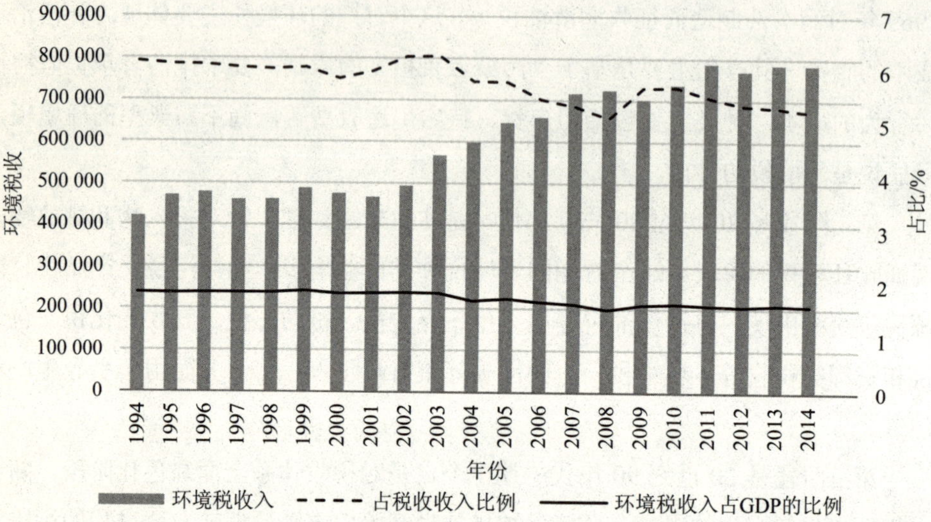

图 7-4 历年 OECD 国家环境税收入情况

各个国家会因为历史原因和税收制度的不同而存在很大的差异。如表 7-1 所示，2010 年，丹麦、以色列、荷兰、斯洛文尼亚和土耳其的环境税收入占 GDP 的比重均高于 3%，2014 年只有丹麦、意大利和荷兰高于 3%；其中丹麦最高，为 4.1%，而美国则小于 1%。从总体上来看，大多数 OECD 国家环境税占 GDP 的比重都略有下降。

解释这些数据需要考虑不同国家的税收情况细节，单从图表的数据中很难推论一国税制的环境友好程度。例如，讨论一个低环境税收入的国家，可能是由于环境税太少，也可能由于是广泛采用了环境税，以致对生产者和消费者的行为模式造成重大影响（如减少排放）而缩减了税基从而环境税收入急剧下降。而且环境税在总税收收入中所占的份额，在很大程度上受非环境相关税基广度的影响。最终，一国可能会提高特定税基的实质性收入，通过比邻国应用更低的税率，吸引这些国家的消费者。

虽然各国之间有很多不同，但在所有的 OECD 成员国中从环境税中取得的收入是显著的。2014 年 OECD 国家环境税占总税收收入比重约为 5.23%，其中土耳其、韩国、以色列、日本、新西兰是环境税占总税收收入最大的几个国家。尤其是土耳其，占比已接近 13.1%，远高于 OECD 其他国家。这归因于该国实施了重要的税收改革，该改革的目的是提高来自消费的额外财政收入，并减少个人和企业所得税等其他传统性税负。较高的燃油税是土耳其国家发展计划中重点考虑的一部分，但也使该国的机动车燃料价格在 OECD 国家中是最高的。

卢森堡、丹麦和荷兰是人均环境税收入最高的国家。观察 2000—2010 年的变化，在爱沙尼亚、日本、土耳其、以色列和捷克这几个国家，环境税对于总税收收入的重要性显著增加。几个因素可能有助于此，如将现在税种扩展到新的税基，增加税率，引入一些新的环境税种等。而同一阶段，智利、法国、匈牙利、冰岛和意大利等国环境税收入的重要性下降了。

表 7-1 和图 7-5 列出了 2010 年 OECD 国家环境相关税收收入占本国 GDP 的百分比，以及环境相关税收收入占本国总税收收入的百分比。

表 7-1　OECD 成员国环境税收入占 GDP 比例　　单位：%

国家/组织	2005 年	2006 年	2007 年	2008 年	2009 年	2010 年	2011 年	2012 年	2013 年	2014 年
澳大利亚	2.05	1.98	1.93	1.85	1.86	1.8	1.78	2.07	2.13	1.91
奥地利	3.15	2.98	2.9	2.86	2.87	2.83	2.92	2.88	2.84	2.88
比利时	2.57（B）	2.31	2.25（I）	2.17（BI）	2.23（EI）	2.24（EI）	2.29（EI）	2.18（EI）	2.04（EBI）	2.03（EBI）
加拿大	1.21（I）	1.18（I）	1.16（I）	1.12（EI）	1.21（EI）	1.19（EI）	1.17（EI）	1.15（EI）	1.15（EI）	1.15（EI）
智利	1.28	1.06	1.13	0.93	0.92	1.03	1.09	1.13	1.13	1.2
捷克共和国	2.8	2.69	2.73	2.69	2.72	2.72	2.86	2.83	2.78（E）	2.65（EBI）
丹麦	5.09	4.84	4.88	4.35（E）	4.13（E）	4.18（E）	4.21（E）	4.1（E）	4.24（E）	4.11（E）

国家/组织	2005年	2006年	2007年	2008年	2009年	2010年	2011年	2012年	2013年	2014年
爱沙尼亚	2.3	2.21	2.21	2.3	2.91	2.92	2.7	2.69	2.53	2.56
芬兰	3	2.94	2.69	2.62	2.56	2.7	3.04（BI）	3（I）	2.96（I）	2.88（EI）
法国	2.01	1.96	1.87	1.85	1.88	1.84	1.89	1.9	1.96（E）	1.97（E）
德国	2.41	2.34	2.17	2.14	2.26	2.13	2.17	2.11	2.04	1.94
希腊	2.03	1.93	1.98	1.89	1.85	2.44	2.61	2.74	2.74	2.77
匈牙利	2.91	2.96	2.99	2.89	2.81	2.77	2.65	2.78	2.65	2.6
冰岛	2.97	2.74	2.59	1.95	1.74	2.05	2.06	2.15	2.02	2
爱尔兰	2.43	2.41	2.42	2.21	2.2	2.34	2.24	2.16	2.21	2.17
以色列	2.95（I）	2.95（I）	3.13（I）	3.05（BI）	3.02（I）	3.24（I）	3.18（B）	2.96	2.82（I）	2.97（I）
意大利	2.68	2.74	2.6	2.56	2.79（E）	3.18（E）	3.41（E）	3.8（EBI）	3.68（EI）	3.85（EI）
日本	1.75	1.72	1.68	1.61	1.68	1.6（E）	1.6（E）	1.58（E）	1.55（E）	1.48（E）
韩国	2.81（BI）	2.77（BI）	2.92（I）	2.81（I）	2.51（I）	2.82（B）	2.53	2.63	2.56	2.54（BI）
卢森堡	3.01	2.67	2.6	2.62	2.57	2.43	2.42（E）	2.39（E）	2.16（E）	2（E）
墨西哥	0.39	−0.17	−0.19	−1.55	0.25	−0.21	−0.79	−1.14	−0.35	0.06
荷兰	3.6	3.66	3.45	3.49	3.53	3.58	3.48	3.33	3.41（E）	3.35
新西兰	1.4（E）	1.36（E）	1.36（E）	1.27	1.27	1.34	1.31（E）	1.31（E）	1.33（E）	1.35（E）
挪威	2.75	2.66	2.68	2.35	2.35	2.41	2.28（E）	2.17	2.15	2.12（BI）
波兰	2.11	2.06	2.19	2.12	2.02	1.92	1.86	1.97	1.93	
葡萄牙	2.89	2.79	2.74	2.46	2.41	2.4	2.3	2.14	2.15	2.2（E）
斯洛伐克共和国	2.39	2.3	2.13	2.03	1.93	1.84	1.84	1.74（E）	1.74（E）	1.73（E）
斯洛文尼亚	3.37	3.15	3.04	3.01	3.45	3.64	3.48	3.82	3.93	3.86
西班牙	1.99（EBI）	1.91（EBI）	1.85（EBI）	1.68（EBI）	1.65（EI）	1.65（EBI）	1.61（EI）	1.61（EBI）	1.9（EB）	1.89（E）
瑞典	2.71	2.6（BI）	2.51（I）	2.56（B）	2.68（BI）	2.59（EI）	2.41（EI）	2.4（EI）	2.36（EI）	2.21（EI）

国家/组织	2005 年	2006 年	2007 年	2008 年	2009 年	2010 年	2011 年	2012 年	2013 年	2014 年
瑞士	1.96	1.86	1.79	1.82	1.81	1.87（E）	1.83（E）	1.81（E）	1.78（E）	1.76（E）
土耳其	4.12	3.71	3.62	3.4	3.53	3.94	3.74	3.63	4.06	3.83
英国	2.3	2.2	2.26	2.25	2.39	2.46	2.41	2.38	2.36	2.32
美国	0.86（E）	0.84（E）	0.82（E）	0.79（E）	0.79（E）	0.79（EBI）	0.79（EB）	0.78（E）	0.76（E）	0.72（EBI）
OECD 亚洲大洋洲	2.01	1.98	1.99	1.92	1.91	1.93	1.87	1.91	1.89	1.83
OECD 欧洲	2.56（E）	2.48（E）	2.41（E）	2.34（E）	2.4（E）	2.47（E）	2.49（E）	2.5（E）	2.53（E）	2.49（E）
OECD 美洲	0.85	0.78	0.75	0.6	0.77	0.73	0.67	0.62	0.68	0.7
OECD—总	1.74（E）	1.68（E）	1.64（E）	1.54（E）	1.63（E）	1.65（E）	1.62（E）	1.6（E）	1.63（E）	1.61（E）

注：B—中断；E—估值；I—不完全数据。

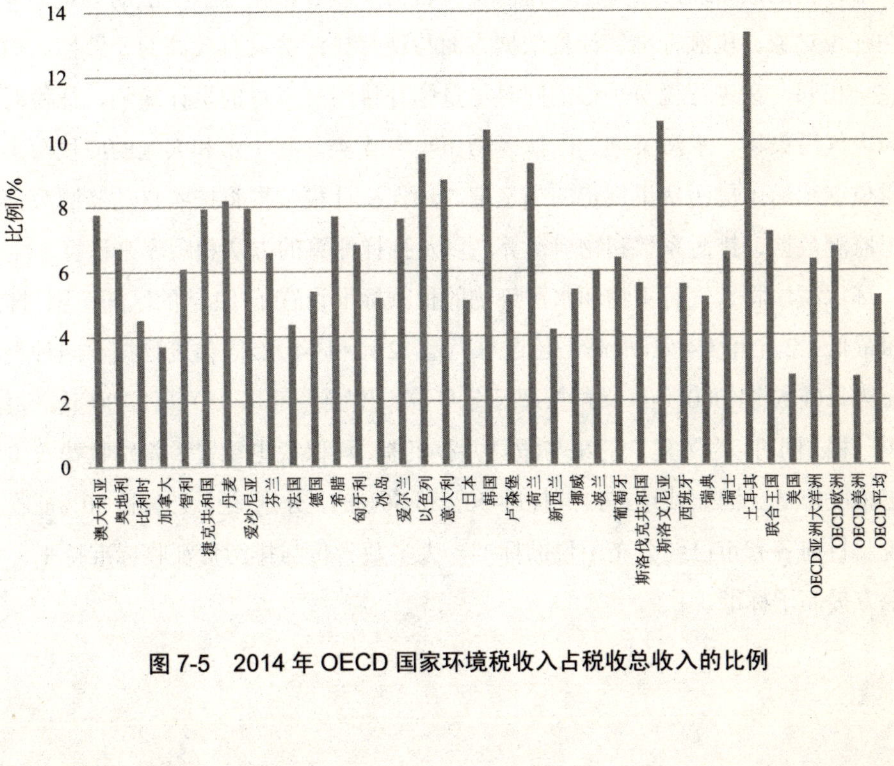

图 7-5　2014 年 OECD 国家环境税收入占税收总收入的比例

7.4 税收绿色化中国实践

7.4.1 环境相关税收的构成

我国现有 18 个税种中，与环境相关的税种包括环境保护税、资源税、消费税中与环境相关的税目、车辆购置税、车船税。

7.4.1.1 环境保护税

2016 年 12 月 25 日第十二届全国人民代表大会常务委员会第二十五次会议审议通过《环境保护税法》，2018 年 1 月 1 日起施行，标志着实施近 40 年的排污收费制度终止。

环保税的改革思路基本上以排污费改税为主线。根据环保税法的规定，环保税在征税对象、税额标准、计税依据方面与现行排污费具有较高的一致性，但又不完全相同，在进行税负平移的同时尽量弥补排污费本身的设计缺陷。征税对象分为大气污染物、水污染物、固体废物和噪声 4 类，其中水和大气的应税污染物当量值继续沿用排污费里规定的当量值。环保税计税依据将按照自动监测数据、手工监测数据、排污系数和物料衡算，以及抽样测算的方法和顺序来计算。

环保税法将大气污染物和水污染物的税额标准设置了 10 倍的区间范围，即每当量最低 1.2 元和 1.4 元，最高不超过每当量 12 元和 14 元。固体废物按不同种类，税额为每吨 5～1 000 元。噪声按超标分贝数，税额为每月 350～11 200 元，每三分贝一档。同时，为了建立约束与激励并存机制，环保税也设置了差别收费政策，规定浓度值低于国家或地方排放标准 30%和 50%的，分别减按 75%和 50%征收环保税。目前各省市已经公布了税额标准，大多数省份与排污费征收标准持平，一些地方提高了标准。

7.4.1.2　消费税中与环境保护相关的税目

消费税是 1994 年 1 月 1 日开征，主要是为了调节产品结构，引导消费方向，保证国家财政收入。当时设定了包括汽油、柴油、小汽车等在内的 11 个税目。2006 年 4 月 1 日，国家对消费税进行一次较大范围的调整，消费税税目由原来的 11 个调整为 14 个，逐步考虑对环境资源类产品征收消费税。消费税中新增了木制一次性筷子、实木地板；将汽油和柴油税目合并为成品油税目；对小汽车、摩托车、汽车轮胎等部分税目税率也进行了一定程度的调整。2008 年成品油价格和税费改革对成品油进行较大调整，取消公路养路费、航道养护费、公路运输管理费、公路客货运附加费、水路运输管理费、水运客货运附加费六项收费，提高成品油的消费税税额，逐步有序取消已审批的政府还贷二级公路收费。目前消费税有 15 税目，其中与环境相关的税目 7 个，现行消费税中与环境的税目税率如表 7-2 所示。

表 7-2　消费税中与环境相关的税目税率

<table>
<tr><th colspan="3">税目</th><th>税率</th></tr>
<tr><td rowspan="7">成品油</td><td colspan="2">汽油</td><td>1.52 元/L</td></tr>
<tr><td colspan="2">柴油</td><td>1.2 元/L</td></tr>
<tr><td colspan="2">航空煤油</td><td>1.2 元/L</td></tr>
<tr><td colspan="2">石脑油</td><td>1.52 元/L</td></tr>
<tr><td colspan="2">溶剂油</td><td>1.52 元/L</td></tr>
<tr><td colspan="2">润滑油</td><td>1.52 元/L</td></tr>
<tr><td colspan="2">燃料油</td><td>1.2 元/L</td></tr>
<tr><td rowspan="2">摩托车</td><td colspan="2">气缸容量（排气量）在 250 mL</td><td>3%</td></tr>
<tr><td colspan="2">气缸容量在 250 mL 以上的</td><td>10%</td></tr>
<tr><td rowspan="8">小汽车</td><td rowspan="7">乘用车气缸容量（排气量）</td><td>1.0 L（含 1.0 L）以下的</td><td>1%</td></tr>
<tr><td>1.0 L 以上至 1.5 L（含 1.5 L）</td><td>3%</td></tr>
<tr><td>1.5 L 以上至 2.0 L（含 2.0 L）</td><td>5%</td></tr>
<tr><td>2.0 L 以上至 2.5 L（含 2.5 L）</td><td>9%</td></tr>
<tr><td>2.5 L 以上至 3.0 L（含 3.0 L）</td><td>12%</td></tr>
<tr><td>3.0 L 以上至 4.0 L（含 4.0 L）</td><td>25%</td></tr>
<tr><td>4.0 L 以上的</td><td>40%</td></tr>
<tr><td colspan="2">中轻型商用客车</td><td>5%</td></tr>
</table>

税目	税率
木制一次性筷子	5%
实木地板	5%
电池[1)]	4%
涂料[2)]	4%

注：1）对无汞原电池、金属氢化物镍蓄电池（又称“氢镍蓄电池”或“镍氢蓄电池”）、锂原电池、锂离子蓄电池、太阳能电池、燃料电池和全钒液流电池免征消费税。2015 年 12 月 31 日前对铅蓄电池缓征消费税。

2）对施工状态下挥发性有机物（Volatile Organic Compounds，VOC）含量低于 420 g/L（含）的涂料免征消费税。

7.4.1.3　资源税改革全面推进

（1）推进现有资源税费改革

我国自 1984 年 10 月起首次开征资源税，当时征收范围较小，实际上仅对原油、天然气、煤炭和铁矿石征收。实施“普遍征收，级差调节”的原则，按矿产品销售量征税。2010 年开始推进资源税改革，主要体现三个方面；一是从量定额计征改为从价定率计征；二是调整资源税税率；三是清费立税，取消相关收费和基金项目。2016 年 5 月 9 日，财政部联合税务总局发布《关于全面推进资源税改革的通知》（财税〔2016〕53 号），自 7 月 1 日起，资源税改革将在全国全面推行，对前期尚未从价计征的 129 个税目进行改革，资源税全部实现从价征收。

原油、天然气和煤炭。2010 年 6 月之后，原油和天然气首先在新疆试点实行从价计征，税率为 5%。2014 年 12 月 1 日起调整为 6%。2014 年实施煤炭资源税改革，由从量计征改为从价征收，税率为销售额的 2%～10%。自 2014 年 12 月 1 日起，在全国范围统一将煤炭、原油、天然气矿产资源补偿费费率降为零，停止征收煤炭、原油、天然气价格调节基金，取消煤炭可持续发展基金（山西省）、原生矿产品生态补偿费（青海省）、煤炭资源地方经济发展费（新疆维吾尔自治区）。

稀土、钨、钼。自 2015 年 5 月 1 日起，由从量定额计征改为从价定率计征，稀土、钨、钼应税产品包括原矿和以自采原矿加工的精矿。按精矿销售额或换算成精矿销售额（不含增值税）计算缴纳资源税。轻稀土按地区执行不同的适用税率，中重稀土资源税适用税率为 27%。钨资源税适用税率为 6.5%。钼资源税适用税率为 11%。

推进资源税改革。2016 年 5 月 9 日，财政部联合税务总局发布《关于全面推进资源税改革的通知》（财税〔2016〕53 号），自 7 月 1 日起，资源税改革将在全国全面推行。对前期尚未从价计征的 129 个税目进行改革。同时，对衰竭期煤矿开采的煤炭和充填开采置换出来的煤炭，分别实行资源税减征 30%和资源税减征 50%的优惠政策（不能叠加适用）（表 7-3）。开展水资源税改革试点工作。逐步将其他自然资源纳入征收范围。

表 7-3 资源税税目税率幅度

税目		税率
原油		6%
天然气		6%
煤炭	内蒙古自治区	2%～9%
	山西省	8%
	宁夏回族自治区	6.5%
	陕西省、青海省、新疆维吾尔自治区	6%
	云南省	5.5%
	贵州省	5%
	山东省	4%
	重庆市、湖南省	3%
	四川省、甘肃省、湖南省、广西壮族自治区	2.5%
	北京市、河北省、辽宁省、吉林省、黑龙江省、江苏省、安徽省、福建省、江西省、河南省、湖北省	2%
金属矿	铁矿精矿	1%～6%
	金矿金锭	1%～4%
	铜矿精矿	2%～8%
	铝土矿原矿	3%～9%
	铅锌矿精矿	2%～6%
	镍矿精矿	2%～6%
	锡矿精矿	2%～6%
	钨精矿	6.5%

税目		税率
金属矿	钼	11%
	中重稀土	27%
	轻稀土	内蒙古 11.5%、四川 9.5%、山东 7.5%
	未列举名称的其他金属矿产品原矿或精矿	≤20%
非金属矿	石墨精矿	3%～10%
	硅藻土精矿	1%～6%
	高岭土原矿	1%～6%
	萤石精矿	1%～6%
	石灰石原矿	1%～6%
	硫铁矿精矿	1%～6%
	磷矿原矿	3%～8%
	氯化钾精矿	3%～8%
	硫酸钾精矿	6%～12%
	井矿盐氯化钠初级产品	1%～6%
	湖盐氯化钠初级产品	1%～6%
	提取地下卤水晒制的盐氯化钠初级产品	3%～15%
	煤层（成）气原矿	1%～2%
	黏土、砂石原矿	每吨或立方米 0.1～5 元
	未列举名称的其他非金属矿产品原矿或精矿	从量税率每吨或立方米不超过 30 元；从价税率不超过 20%
海盐	氯化钠初级产品	1%～5%

资源税利用税收杠杆，有“限”有“奖”，对资源消耗高、污染环境的增加税收成本，对节约资源、利于环保的给予税收优惠，促进企业提高资源利用水平，助力企业生产转型升级。通过资源税收的调节作用，推动绿色发展。截至 2017 年 6 月底，全国共为符合条件的企业减免资源税近 42 亿元；在铁矿石丰富的山东省莱芜市，自资源税改革以来，全市共减免铁矿石资源税 1 908 万元，占全部铁矿石资源税 6 052 万元的 31%。降低了企业生产成本，为企业建设绿色矿山提供了充裕的资金，有力促进企业新旧动能转换、转型升级。

（2）水资源税费改革试点取得成效

2016 年 7 月 1 日，作为水资源最贫乏的省份之一，河北率先实行水资源税改革，将原来收取的水资源费降为零，改征水资源税。按照鼓励使用再生水，合理使用地表水，抑制使用地下水的原则设定税额标准。地下水高于地表水，超采区高于非超采区，管网覆盖内高于管网覆盖外，对特种行业从高制定税额标准，对超限额农业生产用水从低制定税额标准。对限额内农业生产用水免征水资源税。严重超采区工商业取用水单位的税额标准最高为 6 元/m^3，是原水资源费的 3 倍；特种行业取用水最高税额标准达 80 元/m^3。

自 2016 年 7 月 1 日试点正式启动以来，河北省已累计征收水资源税 7.16 亿元，较 2015 年同期水资源费增收 1 倍。水资源税改革后，以水定产、适水发展的理念不断加强，高效节水工程和技术措施得到广泛应用，社会节水意识普遍增强，实现了从“要我节水”到“我要节水”的转变。2016 年总用水量比 2015 年减少 4.6 亿 t，抑制地下水超采作用显现，用水结构也显著优化。据河北省财政厅发布数据显示，截至 2017 年 7 月第 12 个征期结束，全省水资源税纳税人户数由 2016 年首个征期的 7 600 余户增加到 1.6 万户，税收的刚性作用已经发挥。差别税额倒逼企业加大投入，积极采取节水措施，主动转变用水方式，实现转型升级。河钢集团唐钢公司在行业内率先实现工业水源全部取自城市中水，享受免征水资源税的优惠政策，少缴水资源税 3 000 多万元，实现年节约新水 1 460 万 m^3。河钢邯钢公司原来工业补充新水取自滏阳河水，2017 年新引入南水北调优质水源，并采取提高中水品质实现污水全回用，优化各工序用水结构实现优水优用等一系列节水措施，有效控制河水提取量，目前吨钢耗新水达到 2.14 t，年提水量约 2 568 万 t，在全国同类型企业中处于先进水平①。

2017 年 11 月 24 日，财政部税务总局水利部发布“关于印发《扩大水资源税改革试点实施办法》的通知（财税〔2017〕80 号）”，按照党中央、国务院决策部署，自 2017 年 12 月 1 日起在北京、天津、山西、内蒙古、山东、河南、四

① 河北省人民政府网站中国财经报 2017 年 9 月 11 日。

川、陕西、宁夏 9 个省（自治区、直辖市）扩大水资源税改革试点。至此，全国 10 个省（自治区、直辖市）开展了水资源税试点。试点省份开征水资源税后，应当将水资源费征收标准降为零。水资源税改革试点期间，可按税费平移原则对城镇公共供水征收水资源税，不增加居民生活用水和城镇公共供水企业负担。水资源税征收对象为地表水和地下水，税额标准见表 7-4。

表 7-4　试点省份水资源税最低平均税额表　　单位：元/m^3

省（自治区、直辖市）	地表水最低平均税额	地下水最低平均税额
北京	1.6	4
天津	0.8	4
山西	0.5	2
内蒙古	0.5	2
山东	0.4	1.5
河南	0.4	1.5
四川	0.1	0.2
陕西	0.3	0.7
宁夏	0.3	0.7

7.4.1.4　车船税按排气量确定税额

2011 年第十一届全国人民代表大会常务委员会第十九次会议通过了《中华人民共和国车船税法》，2012 年 1 月 1 日起施行，是第一个由税收暂行条例上升为税法的税种。现行车船税是对车船保有环节征收的一个税种；车船税是地方税，由地方税务机关征收；纳税人为机动车根据排气量大小设置乘用车税额标准（表 7-5）。

表 7-5　车船税税目税额表

税目（子税目）		计税单位	年基准税额	备注
乘用车［按发动机汽缸容量（排气量）分档］	1.0 L（含）以下的	每辆	60～360 元	核定载客人数 9 人（含）以下
	1.0 L 以上至 1.6 L（含）的		300～540 元	
	1.6 L 以上至 2.0 L（含）的		360～660 元	
	2.0 L 以上至 2.5 L（含）的		660～1 200 元	
	2.5 L 以上至 3.0 L（含）的		1 200～2 400 元	
	3.0 L 以上至 4.0 L（含）的		2 400～3 600 元	
	4.0 L 以上的		3 600～5 400 元	
商用车	客车	每辆	480～1 440 元	核定载客人数 9 人以上，包括电车
	货车	整备质量每吨	16～120 元	包括半挂牵引车、三轮汽车和低速载货汽车等
挂车		整备质量每吨	按照货车税额的 50%计算	
其他车辆	专用作业车	整备质量每吨	16～120 元	不包括拖拉机
	轮式专用机械车		16～120 元	
摩托车		每辆	36～180 元	
船舶	机动船舶：按净吨位	净吨位每吨	3～6 元	拖船、非机动驳船分别按照机动船舶税额的 50%计算
	游艇：按艇身长度	船身长度每米	600～2 000 元	

7.4.1.5　车辆购置税对小排量和新能源汽车实行优惠政策

车辆购置税是对汽车、摩托车、电车、挂车、农用运输车在购置环节征收的一个税种，采用从价定率办法计征，税率为 10%。车辆购置税国家税务局征收，纳入中央财政。车辆购置税收入补助地方资金管理。通过对车辆消费行为的调节，其能够起到一定程度的环境保护作用。

小排量汽车优惠。为了倡导绿色环保，拉动汽车消费，对小排量汽车的优惠政策，鼓励对小排量汽车的消费行为。对 2009 年 1 月 20 日—12 月 31 日购置 1.6 L 及以下排量乘用车，暂减按 5%的税率征收车辆购置税。2010 年将上述优惠税率调整为7.5%。自2011年1月1日起，将对1.6 L及以下排量乘用车统一按10%的税率征收车辆购置税。自2015年10月1日起至2016年12月31日止，对购置1.6 L及以下排量乘用车减按5%的税率征收车辆购置税。自2017年1月1日起至12月31日止，对购置1.6 L及以下排量的乘用车减按7.5%的税率征收车辆购置税。自2018年1月1日起，恢复按10%的法定税率征收车辆购置税。

新能源汽车免征车辆购置税。根据财政部2014年第53号公告，自2014年9月1日至2017年12月31日，对购置的新能源汽车免征车辆购置税。

2001—2016年，全国累计征收车辆购置税22 933亿元，年均增长17%，其中2016年征收车辆购置税2 674亿元。车辆购置税制度对于组织财政收入、促进交通基础设施建设和引导汽车产业发展都发挥了重要作用。

车辆购置税法启动。财政部和国家税务总局于2017年8月7日就《中华人民共和国车辆购置税法（征求意见稿）》向社会公开征求意见，贯彻落实税收法定原则，采取税制平移的方式将《条例》上升为法律。主要内容包括：征税对象改为汽车、摩托车、挂车和有轨电车4类；规定车辆购置税的税率为10%；进一步完善征管机制；对符合条件的新能源汽车、公共汽电车辆等临时性减免车辆购置税政策，可继续授权由国务院决定。

7.4.2 环境相关税收收入总体规模和占比

我国环境相关税收收入逐年增长，特别是2009年成品油税费改革后，成品油消费税大幅增长幅度，由2008年的317.6亿元增长到2 024.3亿元。2015年，成品油税率的提高，增幅也较大。2015年，我国环境相关税收收入总额估计达9 381亿元。

2015年，我国环境税收入占税收总收入和GDP的比例分别为6.44%和1.36%，与OECD国家平均水平相近（环境税收入占GDP的比例平均为1.65%）。环境相关税收收入占税收总收入的比例总体上呈增长趋势，但是近年来处于下降趋势，即增长速度慢于税收收入增长速度和经济增长速度。从环境相关税收组成看，中国成品油消费税和车辆购置税，分别占环境相关税收收入的43.2%和32.3%（图7-6）。

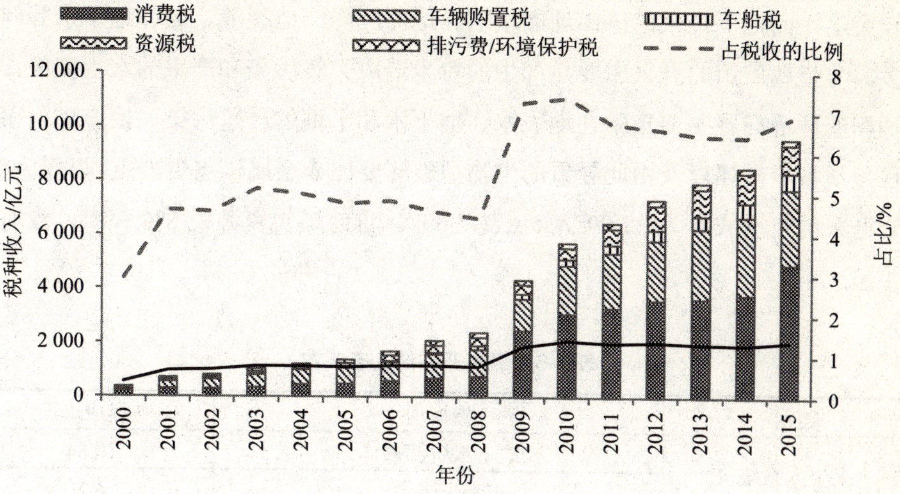

图 7-6　环境相关税收收入

7.5　税收绿色化趋势

虽然环境保护税法的颁布，标志着我国真正拥有了以保护环境，促进生态文明为目的的环境税税种，大大增强了我国税收绿色化程度。但纵观现有与环境相关的税收制度，总体来看，我国税收绿色化程度仍然较低，税收绿色化程度仍有待提高。按照党的生态文明建设的需求和《深化财税体制改革总体方案》的要求，从完善税收制度和保护环境出发，全面系统地构建环境税收制度：加强消费税对污染产品的调节作用；将环境成本纳入资源税改革中；优化机动车相关的车船税、车辆购置税、成品油消费税；规范落实环境保护税收优惠政策。

7.5.1　将环境外部成本纳入资源税改革中

尽管我国正在全面推行资源税改革，改变计征方式，提高税额标准，但对比日益高涨的资源价格而言，现行资源税水平仍很低，没有考虑资源开采过程的生态成本。矿产资源开发环境破坏，露天开采的矿山扬尘、滑坡、占用土地等问题比较突出，而地下开采的矿山地面塌陷、地面沉降、地裂缝、破坏地下水等问题较多。非金属矿山的开采主要是产生的粉尘造成大气污染和严重的水土流失；石油油田的环境问题主要集中在地表水、地下水和土壤的严重污染。冶金矿山引起的环境质量型破坏以及由此导致的生物型破坏要比非金属矿山更严重。以煤为例，煤炭开采的生态成本为 37.09 元/t（表 7-6）。目前煤炭资源税 2%～9%，没有涵盖生态成本。

表 7-6　煤炭开采的生态成本

类别	指标项	吨煤成本/元
水生态系统	地下水资源破坏	10.64
	水土流失	6.2
土地生态系统	土地塌陷	2.07
	周边居民移民	0.2
森林生态系统	坑木消耗生物多样性损失	0.02
	林牧生长量损失	16.4
	林地生态服务价值损失	1.34
	增加造林费用成本	0.15
草原生态系统	草原生态服务损失	0.03
农田生态系统	农田环境服务损失	0.04
总计		37.09

资源税改革中税率调整要体现资源开采过程中的环境外部成本，全面调查资源开采生态问题，评估生态损失，作为税率调整依据；逐步扩大资源税征收范围，将条件成熟的收费项目改税。

资源税以从价征收为主，那么将生态破坏成本纳入资源税的税率增加幅度建议为生态破坏成本占价格的比率，即：

$$R–C/P\times 100\%$$

式中：R—— 税率增加幅度；

C—— 该矿种开发的生态破坏成本；

P—— 矿种单位价格。

以煤炭为基准，煤炭生态破坏成本为 37.09 元/t，取煤炭价格 600 元/t，则生态破坏成本约占煤炭价格的 6.2%。各矿种的生态破坏税率（即将生态破坏成本纳入资源税后税率上升幅度）（表 7-7）。

表 7-7　将生态破坏成本纳入资源税后税率上升幅度　　单位：%

类别	矿种	税率
能源矿	煤	6.20
	石油	4.39
	天然气	0.22
	石煤	3.06
金属矿	黑色金属	2.09
	有色金属	1.07
	贵金属	2.03
	稀有金属	0.44
非金属矿	非金属矿	0.62

7.5.2　全面推行水资源费改税试点

水资源税改革试点一年多来，河北省在政策制定、部门联动、税收征管、信息化建设等方面探索积累了大量的经验，为下一步水资源税在全国的推广打下基础。河北省财政、地税、水利、住建等多个部门形成联动，积极创新了多项举措，逐步构建起“水利核准、纳税申报、地税征收、联合监管、信息共享”的水资源税改革模式，确保了试点平稳运行。

财政部等相关部委组织第三方机构对试点情况进行的评估认为，河北省水资源税改革进展顺利平稳，成效明显，达到了试点预期目标，具有可推广性，为下一步扩大试点范围积累了经验。相关部门要继续跟踪 10 个省市水资源税改革试点进展情况，总结经验，完善水资源税政策，逐步在全国范围内推广应用，促进水环境质量改善。

7.5.3 优化机动车相关税收政策

在环境相关税收中，90.2%与机动车相关，但是税制设计中对环境保护因素考虑不足。主要表现在：一是购置阶段税收收入占比较高，车辆购置阶段（车辆购置税、消费税中摩托车、小汽车税目）占 44.4%，保有阶段（车船税）占 7.4%，使用阶段（消费税中的成品油税目收入）占 48.2%（图 7-7）；二是这些税种的设计中没有考虑机动车污染控制相关的重要因素，车辆购置税和车船税没有考虑机动车污染物排放标准，成品油消费税没有考虑油品的环境标准；三是从调节效果看，对于油品升级和消费作用不强。

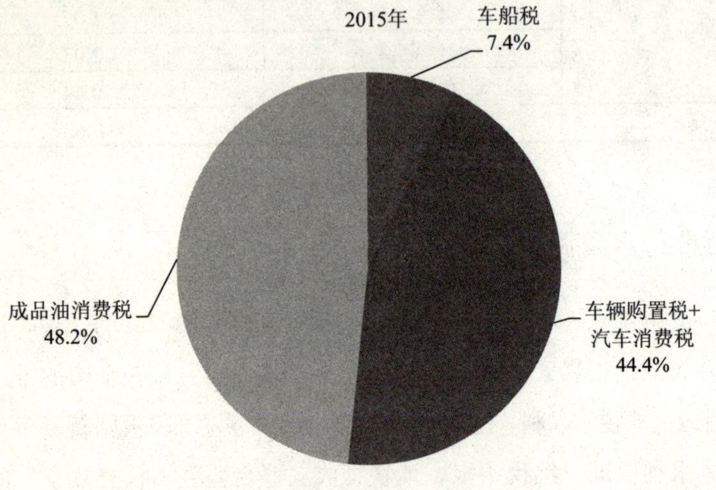

图 7-7 机动车相关税收收入构成

综合考虑与机动车相关税收政策，进行优化改革。一是将机动车油耗、排放标准作为车辆购置税、车船税和机动车消费税改革的依据；二是提高使用环节成本，依据燃油品质，对汽油、柴油产品设置低质高税、高质低税的差别税率；三是将征收环节逐步向消费端转移。

制定机动车燃油税标准

根据基于健康损失和污染当量计算的排污收费额度，根据车辆的年均燃油消耗量可以得到基于单位燃油消耗的排污收费标准，计算方法如下式：

$$FT_i = \frac{T_i \times FE_i}{M_i}$$

式中：FT_i —— 基于燃油税的机动车排污收费征收额度，元/L；

T_i —— 基于健康损失和污染当量的收费标准，元/a；

FE_i —— 车型 i 的燃油经济性，km/L；

M_i —— 车型 i 的年均行驶里程，与计算单车年排放量时使用的参数相同，km/a。

根据公式，基于健康损失的收费标准计算可得到基于燃油税的机动车排污收费标准，如表 7-8 所示，其中为了简化，对中型汽油车与重型汽油车进行了合并，对轻型柴油车和中型柴油车进行了合并。

表 7-8　基于燃油税的机动车排污收费标准　　单位：元/L

燃料	车型	国 0	国 1	国 2	国 3	国 4
汽油	轻型车	0.66	0.30	0.16	0.06	0.03
	中、重型车	0.46	0.24	0.13	0.06	0.02
	摩托车	1.42	0.88	0.56	0.16	
柴油	轻、中型车	0.24	0.14	0.10	0.07	0.04
	重型车	0.48	0.34	0.25	0.14	0.07
	农用车	0.16	0.11	0.08		

7.5.4　扩大环境保护税征收范围

《环境保护税法》“税负平移”的设计体现了渐进式制度改革的思想，既通过排污收费制度关键要素的平移来保持平稳过渡，又通过适当提高征收强度、正向激励和规范程度，实现了政策的改善提升。《环境保护税法》对排污收费政策进行了诸多方面的优化，但也留下许多需要继续改进的空间，尚需持续的改革才能真正发挥环境保护税为减排行为提供正向激励的功能。

环境保护税征收范围仅涉及部分固定污染源。虽然一些省、直辖市、自治区提高了税额标准，但是环境保护税收入占环境相关税收收入的比例仍然较低。农药滥用、化肥过量施用是造成面源污染的一个重要原因，现有税收政策没有对农药、化肥等产品使用征税。环境保护税与当前环境保护的诸多任务不匹配。我国已成为二氧化碳排放大国，温室气体排放和气候变化对于我国国民经济和社会发展产生了影响，环境保护税法没有包含二氧化碳；挥发性有机污染物只有部分纳入。

城镇污水处理厂优惠政策不利于污染减排。环境保护税法规定对于城镇污水处理厂达标排放免征优惠。截至2016年年底，全国共有城镇污水处理厂3 552座，污水厂日处理能力为1.79亿t/d，城市年污水处理总量为529.8亿t。城市污水处理率93.44%，其中污水处理厂集中处理率89.80%；县城污水处理率87.38%，其中污水处理厂集中处理率85.8%。目前，约有40%的城镇污水处理设施通过BOT、BT等特许经营模式引入社会资本，参与设施建设与运营。据E20环境产业研究院统计分析，2013年年底，近半的城镇污水处理厂实现了市场化运作。2015年，全国共调查统计6 910座城镇污水处理厂，设计处理能力达到18 736万t/d，全年共处理废水532.3亿t，其中处理生活污水470.6亿t，占总处理水量的88.4%。2015年，全国工业废水排放量18.16亿t，其中直接排入环境的13.11亿t，排入污水处理厂50.5亿t，占排放量的28.8%。重点城市平均36.9%工业废水排入污水处理厂。城镇污水处理厂目前已经成为废水排放和重点水污染物排放的主要来源，给予其达标排放的免税政策，可避免环保税开征过多增加污水处理厂的负担，但不符合“污染者付费”和总量征收的环保税征收要求，不利于激励污水处理厂进行污染减排，也造成了与其他纳税人之间的不公平。

挥发性有机污染物未纳入环境保护税。VOCs排放对环境危害很大，是导致$PM_{2.5}$污染的重要根源，是高浓度O_3形成的重要原因。2015年财政部、国家发展改革委、环保部联合印发了《挥发性有机物排污收费试点办法》，对石油化工行业和包装印刷行业排放挥发性有机污染物（以下简称“VOCs”）征收排污费。截至目前，全国共有18个省份发文出台VOCs排污收费政策，其中15个省份已实际开征 VOCs 排污费，北京、上海和山东三地对试点行业进行了扩展。截至 2017 年 6 月，全国各省市 VOCs 排污费申报排放量共计 12.08 万 t，共开单 6.87 亿元；VOCs 排污费征收额共计 5.79 亿元。石化和包装印刷两个试点行业征收额为 2.96 亿元，占到全部 VOCs 排污费征收总额的 51.2%。2018 年 1 月，财政部 国家发展改革委、环境保护部、国家海洋局发布《关于停征排污费等行政事业性收费有关事项的通知》，在全国范围内统一停征排污费，VOCs 排污费试点工作也正式停止，但是 VOCs 只有部分污染物纳入环保税范围。在未来，环保部门将对 VOCs 排污费试点工作进行全方位评估，总结经验、查找问题，同时以 VOCs 排污费制度为基础对 VOCs 纳入环保税进行推进。

择机开征碳税。凡是因消耗化石燃料直接向环境排放二氧化碳的单位作为碳税的纳税义务人。单位包括国有企业、集体企业、私有企业、外商投资企业、外国企业、股份制企业、其他企业，以及行政单位、事业单位、军事单位、社会团体及其他单位。现阶段，个人暂不作为纳税人。纳入碳交易市场的企业不征收。征税对象在生产、经营等活动过程中因消耗化石燃料直接向大气排放的二氧化碳。由于二氧化碳是因消耗化石燃料所产生的，因此，碳税的征税范围包括煤炭及煤炭制品、焦炉煤气、原油、汽油、柴油、燃料油、液化石油气、天然气、其他化石燃料。碳税的征收对象是直接向大气排放的二氧化碳，理论上应该以二氧化碳的实际排放量作为计税依据，根据我国目前的碳排放交易市场价格，以及相关研究成果，设置三档税率（表 7-9）。

表 7-9　碳税税率设置方案　　单位：元/tCO_2

税率	2015 年	2020 年	2030 年
低方案	10	40	80
中方案	15	50	100
高方案	30	80	150

第 8 章 环境保护税与其他环境政策关系

我国针对排污者的环境政策较多，如排污许可证制、环境影响评价、达标排放、排污交易、违法处罚、污水处理费等。这些政策有的是命令控制型政策，有的属于经济和市场的手段，政策针对的领域和作用原理各有侧重，最终目的都是规范和约束排污者的排污行为，激励其减少排放。各项政策之间既有联系又有区别，本章重点分析环保税与排污许可制度、达标排放、排污交易、按日计罚几项政策之间的关系，捋顺其在实施中可能引起的困惑。

8.1 环境保护税与排污许可制的关系

8.1.1 排污许可制度概述

排污许可是覆盖所有固定污染源的环境管理基础制度，排污许可证是排污单位生产运营期排放行为的唯一行政许可。2014 年修订的新《环境保护法》第四十五条规定“国家依照法律规定实行排污许可管理制度”，由此拉开了我国全面实施排污许可的序幕。2016 年 11 月，国务院办公厅印发《国务院办公厅关于印发控制污染物排放许可制实施方案的通知》（国办发〔2016〕81 号）（以下简称《实施方案》），表明我国的排污许可制度改革正式启动。

为落实《实施方案》，2017 年 7 月，环保部在《排污许可证管理暂行规定》的基础上，认真总结了火电、造纸行业先行先试的成功经验，制定并发布了《排污许可管理办法》规定了排污许可证核发程序等内容，细化了环保部门、排污单位和第三方机构的法律责任，为改革完善排污许可制迈出了坚实的一步。

8.1.2　二者关系

环保税和排污许可是两项相互联系又有区别的环境管理制度。二者之间的联系表现在排污许可证管理是环保税征收的基础，我国环境保护工作实施一证式管理，持排污许可证的企业按照排污许可规定的污染物种类、数量、排放口、监测点位和频次的要求申报和缴纳环保税。同时，排污许可的相关信息连接至环保税涉税信息共享平台，作为环保税征管的重要依据。在排放量核算方法上，环保税纳税人同时又持有排污许可证的，排放量核算方法是统一的。在环保税计算、缴纳和监管上，持有排污许可证的企业应遵守排污许可证规定的污染物种类、排放口设置、监测点位和频率等规定。持排污许可证的企业的实际排放量应作为环保税的税基。

二者的区别主要体现在：一是针对对象不同，环保税针对所有直接向环境排放应税污染物的企事业单位和其他生产经营者，而排污许可制不仅针对“直接排放”，间接排放也在排污许可管理范围内。排污许可管理的对象采用名录式管理，对名录内的行业企业以及排放量达到一定规模的企业事业单位和其他生产经营者采取排污许可管理，环保税则是对所有直接排放污染物的企业事业单位和其他生产经营者征收。二是管理的污染物种类有所不同，环保税针对大气污染物、水污染物、固体废物和噪声进行征收，目前排污许可制仅对大气污染物和水污染物进行许可管理。

8.2　环境保护税与达标排放的关系

8.2.1　达标排放概述

达标排放是指污染源排放应达到国家或地方污染物排放标准；已核发排污许

可证的企业，应达到排污许可证所载明的排放要求。达标排放是企业履行环境责任的基本义务和底线要求，是环境保护法律制度的重要内容，是切实改善环境质量的工作基础，是建立健全环境治理体系、推进生态文明体制改革的基本要求。《环境保护法》《大气污染防治法》《水污染防治法》等法规已明确对企业超标排放行为的惩罚规定。

近年来，各地区、各部门不断加大工作力度，推动工业绿色发展，取得积极成效。但一些企业污染物超标排放、偷排偷放等问题依然十分突出，违法排污损害生态环境事件时有发生，人民群众反映强烈。2016 年 11 月环境保护部发布《关于实施工业污染源全面达标排放计划的通知》，要求到 2017 年年底，钢铁、火电、水泥、煤炭、造纸、印染、污水处理厂、垃圾焚烧厂 8 个行业达标计划实施取得明显成效，污染物排放标准体系和环境监管机制进一步完善，环境守法良好氛围基本形成。到 2020 年年底，各类工业污染源持续保持达标排放，环境治理体系更加健全，环境守法成为常态。达标计划旨在以改善环境质量为核心，充分发挥环境标准引领企业升级改造和“倒逼”产业结构调整的作用，通过依法治理、科技支撑、监督执法、完善政策等措施，促进工业污染源实现全面达标排放，为不断改善环境质量提供有力支撑。

8.2.2 二者关系

环保税与达标排放制度之间是相辅相成、互相配合的关系。达标排放是典型的行政命令型政策手段，环保税是经济手段，二者共同发挥作用促使排污者进行污染治理、减少排放。环保税基于“污染者付费”原则，按照排污者实际排放量进行收税，对排污者是否超标不区分，对于超标排放不进行额外处罚。不管排污者是否达标排放都需要对实际排放到环境中的污染物依法进行环保税申报和缴纳。但是，如果排污者不仅实现了达标排放，其排放浓度还低于国家或地方排放标准的一定比例，可以享受一定比例的减税优惠。如果排污者排污浓度超过国家或地方排放标准，那不仅需要按实际排放量缴纳环保税，还应依法承担其相应的行政处罚乃至刑事处罚。也就是说，即使交了环保税，也不免除其依法承担其他法律责任。

8.3 环境保护税与排污交易的关系

8.3.1 排污权有偿使用与交易概述

排污权交易指实施排污许可制后，在市场上购买排污权的行为。排污权交易制度通过建立交易市场，敦促企业在买卖排污权的经济效益和治理成本之间进行衡量，更能引导和刺激排污企业自发治理。

2014 年，国务院办公厅印发《关于进一步推进排污权有偿使用和交易试点工作的指导意见》（国办发〔2014〕38 号），明确推进排污权有偿使用和交易试点工作。试点地区实行排污权有偿使用制度，排污单位在缴纳使用费后获得排污权。

8.3.2 二者关系

环保税和排污权交易都能产生环境效益，有利于优化配置环境资源；减少污染物的排放。环保税是先确定排污价格再由市场确定排放量水平，排污权交易是政府确定总排放量后再由市场确定价格。

从现有政策来看，有偿取得排污权的单位不免除其依法缴纳环保税等相关税费的义务。鉴于排污权使用费是排污单位实施排污权交易之前，为获得排污权而缴纳的费用，体现环境资源有价的理念，与对企业排污征税性质有所不同。环境保护费改税不涉及排污权使用费，不影响排污权交易制度的实施。

但是，我国的排污交易远远没有达到市场化的地步，排污权有偿取得通常由政府定价，排污权的核定也未完全与新的排污许可制挂钩。因此排污权有偿取得在定价上存在与环保税重复的问题，均是基于污染治理成本，旨在实现环境外部成本内部化。随着我们排污许可制和环保税等相关制度的完善，排污交易制度也将逐步进行改革和完善，停止政府出让有偿使用，全面发展二级市场，由市场进行定价，这样将有利于协调和捋顺排污交易与环保税之间的关系。

8.4 环境保护税与按日计罚的关系

8.4.1 按日计罚制度概述

为了有效解决“守法成本高，违法成本低”的问题，督促违法行为及时改正，《环境保护法》第五十九条规定：“企业事业单位和其他生产经营者违法排放污染物，受到罚款处罚，被责令改正，拒不改正的，依法做出处罚决定的行政机关可以自责令改正之日的次日起，按照原处罚数额按日连续处罚。”《环境保护主管部门实施按日连续处罚办法》（以下简称《办法》）列举了 4 种典型的“违法排放污染物”情形：一是超过国家或者地方规定的污染物排放标准，或者超过重点污染物排放总量控制指标排放污染物；二是通过暗管、渗井、渗坑、灌注或篡改、伪造监测数据，或者不正常运行防治污染设施等逃避监管的方式排放污染物；三是排放法律、法规规定禁止排放的污染物；四是违法倾倒危险废物。同时，由于“违法排放污染物”情形多而复杂，办法规定了“其他违法排放污染物”这一兜底条款。

经统计，2015 年，全国按日连续处罚案件 715 件，罚款数 56 954.41 万元，每起案件平均处罚金额约为 79 万元。2016 年全国按日连续处罚案件 1 017 件，增长 42%；罚款数 81 435 万元，增加 43%。按日连续处罚案件平均处罚金额约为 80 万元，平均计罚天数约为 15 天，最长计罚天数为 141 天，最短计罚天数为 1 天。从适用情形上看，2016 年按日连续处罚的案件适用《办法》规定的“超过国家或者地方规定的污染物排放标准，或者超过重点污染物排放总量控制指标排放污染物的”情形占 72%；适用“通过暗管、渗井、渗坑、灌注或者篡改、伪造监测数据，或者不正常运行防治污染设施等逃避监管的方式排放污染物的”情形占 11%；适用“排放法律、法规规定禁止排放的污染物的”情形占 2%；适用“违法倾倒危险废物的”情形占 1%；适用“其他违法排放污染物行为”占 11%；适用《大气污染防治法》规定的“未依法取得排污许可证排放大气污染物的”情形占 3%。

8.4.2　二者关系

环保税与按日计罚制度同样都是用于约束企业排污的经济手段，二者可并用，互不排斥。纳税人只要排污就要缴纳相应的环保税，如果排污过程中出现违法排污行为的，还要依法接受行政罚款，甚至承担刑事责任。同时，环保税实施条例也对一些违法行为从税基计算角度给予了惩罚性规定，这些违法行为与按日计罚的一些违法行为是重叠的。也就是说，纳税人通过暗管、渗井、渗坑、灌注或者篡改、伪造监测数据，或者不正常运行防治污染设施等逃避监管的方式排放污染物的，非法倾倒危险废物的，不仅要受到罚款处罚，还要缴纳环保税，并且要按照污染物的产生量作为排放量来计算税基，是一种双重惩罚。

对违法企业进行严厉处罚可以对违法排污形成有力震慑，有利于企业开展污染治理和合规排污。处罚决定将由环保部门上传至环保税涉税信息共享平台，可作为环境保护税计税参考，从而进一步保障环保税的征收率。

第9章 展望

中共中央国务院《关于推进价格机制改革的若干意见》要求“统筹运用环保税收、收费及相关服务价格政策，加大经济杠杆调节力度，逐步使企业排放各类污染物承担的支出高于主动治理成本，提高企业主动治污减排的积极性”。党的十九大提出“构建政府为主导、企业为主体、社会组织和公众共同参与的环境治理体系”，环保税作为我国一项重要的环境经济政策，将对激励排污者污染治理和节能减排发挥长效作用，同时税收优惠政策将刺激污染治理技术和服务模式创新。

作为我国第一个专门的环境保护税种，且在计税依据以及征管方式上均具有复杂性和独特性，环保税在实际开征中不可避免地会出现一些问题，环保税的实际效果也有待实践检验和跟踪评估。从保障环保税顺利开展、更好发挥政策效果角度，提出近期推进环保税工作的几点建议。

（1）制定环保税各项配套办法。如统一和完善用于多项环境制度的污染物排放量核算方法；发布环保税复核办法，明确具体需要进行复核的情形以及流程；发布固体废物环保税计算办法和征收细则；各地根据自身情况制定和发布抽样测算办法等。

（2）加强对涉税人员的专业培训。环保税法颁布一年来，纳税人产生了强烈的环保税解读、纳税辅导等需求。建议全面开展针对税务部门、环保部门和纳税企业等与环保税相关人员的征缴培训，针对纳税申报材料初审、申报材料比对、申报材料复核与现场监测、企业申报材料编制与准备等进行培训，提高环保税征管人员、复核人员、监测人员、纳税申报人员的整体素质，有效推进环保税的征管。

（3）鼓励第三方市场机构介入环保税征管服务。制定政策鼓励和推进第三方市场机构承接环保税的检测服务、排放量计算以及其他纳税征管服务。环保税纳税申报材料涉及企业的生产情况、原材料消耗情况、污染物排放和监测情况，专业性较高。排污费由环保部门核定，而环保税需要纳税人自己计算和申报，并对申报的真实性和完整性承担责任。因此委托专业性较强的第三方咨询机构协助纳税申报，可有效解决纳税申报困难等问题，减少企业法律风险。

（4）开展VOCs纳入环保税征收范围的研究。挥发性有机物（VOCs）排污收费自2015年10月起在部分地区的部分行业开始试点，取得了良好效果，但费改税未将VOCs纳入环保税征收范围。自2018年1月1日起，开征环保税，排污费停止征收，其中包括VOCs排污收费。建议对VOCs纳入环保税的必要性、可行性、障碍、制度设计等关键问题开展深入研究和论证，适时启动修法将VOCs纳入环保税，全面建立VOCs污染防控政策和技术体系，发挥政策合力作用，共同推进VOCs污染治理和减排。

（5）开展环保税实施的跟踪调查。环保税作为新实施的税种，专业性强，在实施中肯定面临一系列的问题。如污染物排放核定过程的准确性、规范性，涉税信息共享平台建设与维护，税收优惠政策的实际效果等一系列问题，在环保税实施过程中，应密切开展跟踪调查评估及相关研究，及时制定和发布相关配套办法、不断修订和完善《环境保护税法》。

（6）根据环境保护目标逐步提高税额标准。环保税是一种污染行为调节税，而不是增加政府财政的“收入税”。目前，最低税额标准已经远远低于排放污染造成的污染损失，而大部分地方没有显著地提高税额标准。因此，在税额标准制定权限下放地方的同时，各个地方应该根据当地的环境承载能力、污染物排放状况、环境经济社会发展目标，尽早提出环保税税额标准提高时间表，让环保税真正成为助推生态文明建设、促进企业降低污染的行为税。

附　录

中华人民共和国环境保护税法

（2016 年 12 月 25 日第十二届全国人民代表大会常务委员会第二十五次会议通过）

目　录

第一章　总　则

第一条　为了保护和改善环境，减少污染物排放，推进生态文明建设，制定本法。

第二条　在中华人民共和国领域和中华人民共和国管辖的其他海域，直接向环境排放应税污染物的企业事业单位和其他生产经营者为环境保护税的纳税人，应当依照本法规定缴纳环境保护税。

第三条　本法所称应税污染物，是指本法所附《环境保护税税目税额表》《应税污染物和当量值表》规定的大气污染物、水污染物、固体废物和噪声。

第四条　有下列情形之一的，不属于直接向环境排放污染物，不缴纳相应污染物的环境保护税：

（一）企业事业单位和其他生产经营者向依法设立的污水集中处理、生活垃圾集中处理场所排放应税污染物的；

（二）企业事业单位和其他生产经营者在符合国家和地方环境保护标准的设施、场所贮存或者处置固体废物的。

第五条 依法设立的城乡污水集中处理、生活垃圾集中处理场所超过国家和地方规定的排放标准向环境排放应税污染物的，应当缴纳环境保护税。

企业事业单位和其他生产经营者贮存或者处置固体废物不符合国家和地方环境保护标准的，应当缴纳环境保护税。

第六条 环境保护税的税目、税额，依照本法所附《环境保护税税目税额表》执行。

应税大气污染物和水污染物的具体适用税额的确定和调整，由省、自治区、直辖市人民政府统筹考虑本地区环境承载能力、污染物排放现状和经济社会生态发展目标要求，在本法所附《环境保护税税目税额表》规定的税额幅度内提出，报同级人民代表大会常务委员会决定，并报全国人民代表大会常务委员会和国务院备案。

第二章 计税依据和应纳税额

第七条 应税污染物的计税依据，按照下列方法确定：

（一）应税大气污染物按照污染物排放量折合的污染当量数确定；

（二）应税水污染物按照污染物排放量折合的污染当量数确定；

（三）应税固体废物按照固体废物的排放量确定；

（四）应税噪声按照超过国家规定标准的分贝数确定。

第八条 应税大气污染物、水污染物的污染当量数，以该污染物的排放量除以该污染物的污染当量值计算。每种应税大气污染物、水污染物的具体污染当量值，依照本法所附《应税污染物和当量值表》执行。

第九条 每一排放口或者没有排放口的应税大气污染物，按照污染当量数从大到小排序，对前三项污染物征收环境保护税。

每一排放口的应税水污染物，按照本法所附《应税污染物和当量值表》，区分第一类水污染物和其他类水污染物，按照污染当量数从大到小排序，对第一类水污染物按照前五项征收环境保护税，对其他类水污染物按照前三项征收环境保护税。

省、自治区、直辖市人民政府根据本地区污染物减排的特殊需要，可以增加同一排放口征收环境保护税的应税污染物项目数，报同级人民代表大会常务委员会决定，并报全国人民代表大会常务委员会和国务院备案。

第十条 应税大气污染物、水污染物、固体废物的排放量和噪声的分贝数，按照下列方法和顺序计算：

（一）纳税人安装使用符合国家规定和监测规范的污染物自动监测设备的，按照污染物自动监测数据计算；

（二）纳税人未安装使用污染物自动监测设备的，按照监测机构出具的符合国家有关规定和监测规范的监测数据计算；

（三）因排放污染物种类多等原因不具备监测条件的，按照国务院环境保护主管部门规定的排污系数、物料衡算方法计算；

（四）不能按照本条第一项至第三项规定的方法计算的，按照省、自治区、直辖市人民政府环境保护主管部门规定的抽样测算的方法核定计算。

第十一条 环境保护税应纳税额按照下列方法计算：

（一）应税大气污染物的应纳税额为污染当量数乘以具体适用税额；

（二）应税水污染物的应纳税额为污染当量数乘以具体适用税额；

（三）应税固体废物的应纳税额为固体废物排放量乘以具体适用税额；

（四）应税噪声的应纳税额为超过国家规定标准的分贝数对应的具体适用税额。

第三章 税收减免

第十二条 下列情形，暂予免征环境保护税：

（一）农业生产（不包括规模化养殖）排放应税污染物的；

（二）机动车、铁路机车、非道路移动机械、船舶和航空器等流动污染源排放应税污染物的；

（三）依法设立的城乡污水集中处理、生活垃圾集中处理场所排放相应应税污染物，不超过国家和地方规定的排放标准的；

（四）纳税人综合利用的固体废物，符合国家和地方环境保护标准的；

（五）国务院批准免税的其他情形。

前款第五项免税规定，由国务院报全国人民代表大会常务委员会备案。

第十三条 纳税人排放应税大气污染物或者水污染物的浓度值低于国家和地方规定的污染物排放标准百分之三十的，减按百分之七十五征收环境保护税。纳税人排放应税大气污染物或者水污染物的浓度值低于国家和地方规定的污染物排放标准百分之五十的，减按百分之五十征收环境保护税。

第四章　征收管理

第十四条 环境保护税由税务机关依照《中华人民共和国税收征收管理法》和本法的有关规定征收管理。

环境保护主管部门依照本法和有关环境保护法律法规的规定负责对污染物的监测管理。

县级以上地方人民政府应当建立税务机关、环境保护主管部门和其他相关单位分工协作工作机制，加强环境保护税征收管理，保障税款及时足额入库。

第十五条 环境保护主管部门和税务机关应当建立涉税信息共享平台和工作配合机制。

环境保护主管部门应当将排污单位的排污许可、污染物排放数据、环境违法和受行政处罚情况等环境保护相关信息，定期交送税务机关。

税务机关应当将纳税人的纳税申报、税款入库、减免税额、欠缴税款以及风险疑点等环境保护税涉税信息，定期交送环境保护主管部门。

第十六条 纳税义务发生时间为纳税人排放应税污染物的当日。

第十七条 纳税人应当向应税污染物排放地的税务机关申报缴纳环境保护税。

第十八条 环境保护税按月计算，按季申报缴纳。不能按固定期限计算缴纳的，可以按次申报缴纳。

纳税人申报缴纳时，应当向税务机关报送所排放应税污染物的种类、数量，大气污染物、水污染物的浓度值，以及税务机关根据实际需要要求纳税人报送的其他纳税资料。

第十九条 纳税人按季申报缴纳的，应当自季度终了之日起十五日内，向税务机关办理纳税申报并缴纳税款。纳税人按次申报缴纳的，应当自纳税义务发生之日起十五日内，向税务机关办理纳税申报并缴纳税款。

纳税人应当依法如实办理纳税申报，对申报的真实性和完整性承担责任。

第二十条 税务机关应当将纳税人的纳税申报数据资料与环境保护主管部门交送的相关数据资料进行比对。

税务机关发现纳税人的纳税申报数据资料异常或者纳税人未按照规定期限办理纳税申报的，可以提请环境保护主管部门进行复核，环境保护主管部门应当自收到税务机关的数据资料之日起十五日内向税务机关出具复核意见。税务机关应当按照环境保护主管部门复核的数据资料调整纳税人的应纳税额。

第二十一条 依照本法第十条第四项的规定核定计算污染物排放量的，由税务机关会同环境保护主管部门核定污染物排放种类、数量和应纳税额。

第二十二条 纳税人从事海洋工程向中华人民共和国管辖海域排放应税大气污染物、水污染物或者固体废物，申报缴纳环境保护税的具体办法，由国务院税务主管部门会同国务院海洋主管部门规定。

第二十三条 纳税人和税务机关、环境保护主管部门及其工作人员违反本法规定的，依照《中华人民共和国税收征收管理法》《中华人民共和国环境保护法》和有关法律法规的规定追究法律责任。

第二十四条 各级人民政府应当鼓励纳税人加大环境保护建设投入，对纳税人用于污染物自动监测设备的投资予以资金和政策支持。

第五章　附　则

第二十五条 本法下列用语的含义：

（一）污染当量，是指根据污染物或者污染排放活动对环境的有害程度以及处理的技术经济性，衡量不同污染物对环境污染的综合性指标或者计量单位。同一介质相同污染当量的不同污染物，其污染程度基本相当。

（二）排污系数，是指在正常技术经济和管理条件下，生产单位产品所应排放的污染物量的统计平均值。

（三）物料衡算，是指根据物质质量守恒原理对生产过程中使用的原料、生产的产品和产生的废物等进行测算的一种方法。

第二十六条 直接向环境排放应税污染物的企业事业单位和其他生产经营者，除依照本法规定缴纳环境保护税外，应当对所造成的损害依法承担责任。

第二十七条 自本法施行之日起，依照本法规定征收环境保护税，不再征收排污费。

第二十八条 本法自 2018 年 1 月 1 日起施行。

附表一：

环境保护税税目税额表

<table>
<tr><th colspan="2">税目</th><th>计税单位</th><th>税额</th><th>备注</th></tr>
<tr><td colspan="2">大气污染物</td><td>每污染当量</td><td>1.2～12 元</td><td></td></tr>
<tr><td colspan="2">水污染物</td><td>每污染当量</td><td>1.4～14 元</td><td></td></tr>
<tr><td rowspan="4">固体废物</td><td>煤矸石</td><td>每吨</td><td>5 元</td><td rowspan="4"></td></tr>
<tr><td>尾矿</td><td>每吨</td><td>15 元</td></tr>
<tr><td>危险废物</td><td>每吨</td><td>1 000 元</td></tr>
<tr><td>冶炼渣、粉煤灰、炉渣、其他固体废物（含半固态、液态废物）</td><td>每吨</td><td>25 元</td></tr>
<tr><td rowspan="6">噪声</td><td rowspan="6">工业噪声</td><td>超标 1～3 dB</td><td>每月 350 元</td><td rowspan="6">1. 一个单位边界上有多处噪声超标，根据最高一处超标声级计算应纳税额；当沿边界长度超过 100 m 有两处以上噪声超标，按照两个单位计算应纳税额；
2.一个单位有不同地点作业场所的，应当分别计算应纳税额，合并计征；
3. 昼、夜均超标的环境噪声，昼、夜分别计算应纳税额，累计计征；
4. 声源一个月内超标不足 15 天的，减半计算应纳税额；
5. 夜间频繁突发和夜间偶然突发厂界超标噪声，按等效声级和峰值噪声两种指标中超标分贝值高的一项计算应纳税额</td></tr>
<tr><td>超标 4～6 dB</td><td>每月 700 元</td></tr>
<tr><td>超标 7～9 dB</td><td>每月 1 400 元</td></tr>
<tr><td>超标 10～12 dB</td><td>每月 2 800 元</td></tr>
<tr><td>超标 13～15 dB</td><td>每月 5 600 元</td></tr>
<tr><td>超标 16 dB 以上</td><td>每月 11 200 元</td></tr>
</table>

附表二：

应税污染物和当量值表

一、第一类水污染物污染当量值

污染物	污染当量值/kg
1. 总汞	0.000 5
2. 总镉	0.005
3. 总铬	0.04
4. 六价铬	0.02
5. 总砷	0.02
6. 总铅	0.025
7. 总镍	0.025
8. 苯并[*a*]芘	0.000 000 3
9. 总铍	0.01
10. 总银	0.02

二、第二类水污染物污染当量值

污染物	污染当量值/kg	备注
11. 悬浮物（SS）	4	
12. 生化需氧量（BOD_5）	0.5	同一排放口中的化学需氧量（COD）、生化需氧量（BOD_5）和总有机碳（TOC），只征收一项
13. 化学需氧量（COD）	1	
14. 总有机碳（TOC）	0.49	
15. 石油类	0.1	
16. 动植物油	0.16	
17. 挥发酚	0.08	
18. 总氰化物	0.05	
19. 硫化物	0.125	
20. 氨氮	0.8	
21. 氟化物	0.5	
22. 甲醛	0.125	
23. 苯胺类	0.2	
24. 硝基苯类	0.2	

污染物	污染当量值/kg	备注
25. 阴离子表面活性剂（LAS）	0.2	
26. 总铜	0.1	
27. 总锌	0.2	
28. 总锰	0.2	
29. 彩色显影剂（CD-2）	0.2	
30. 总磷	0.25	
31. 元素磷（以P计）	0.05	
32. 有机磷农药（以P计）	0.05	
33. 乐果	0.05	
34. 甲基对硫磷	0.05	
35. 马拉硫磷	0.05	
36. 对硫磷	0.05	
37. 五氯酚及五氯酚钠（以五氯酚计）	0.25	
38. 三氯甲烷	0.04	
39. 可吸附有机卤化物（AOX）（以Cl计）	0.25	
40. 四氯化碳	0.04	
41. 三氯乙烯	0.04	
42. 四氯乙烯	0.04	
43. 苯	0.02	
44. 甲苯	0.02	
45. 乙苯	0.02	
46. 邻-二甲苯	0.02	
47. 对-二甲苯	0.02	
48. 间-二甲苯	0.02	
49. 氯苯	0.02	
50. 邻二氯苯	0.02	
51. 对二氯苯	0.02	
52. 对硝基氯苯	0.02	
53. 2.4-二硝基氯苯	0.02	
54. 苯酚	0.02	
55. 间-甲酚	0.02	
56. 2,4-二氯酚	0.02	
57. 2,4,6-三氯酚	0.02	
58. 邻苯二甲酸二丁脂	0.02	
59. 邻苯二甲酸二辛脂	0.02	
60. 丙烯腈	0.125	
61. 总硒	0.02	

三、pH 值、色度、大肠菌群数、余氯量污染当量值

<table>
<tr><th colspan="2">污染物</th><th>污染当量值</th><th>备注</th></tr>
<tr><td rowspan="6">1. pH 值</td><td>1. 0～1，13～14</td><td>0.06 t 污水</td><td rowspan="6">pH 值 5～6 指大于或等于 5，小于 6；pHwfhg9～10 指大于 9，小于或等于 10，其余类推</td></tr>
<tr><td>2. 1～2，12～13</td><td>0.125 t 污水</td></tr>
<tr><td>3. 2～3，11～12</td><td>0.25 t 污水</td></tr>
<tr><td>4. 3～4，10～11</td><td>0.5 t 污水</td></tr>
<tr><td>5. 4～5，9～10</td><td>1 t 污水</td></tr>
<tr><td>6. 5～6</td><td>5 t 污水</td></tr>
<tr><td colspan="2">2. 色度</td><td>5 t 水·倍</td><td></td></tr>
<tr><td colspan="2">3. 大肠菌群数（超标）</td><td>3.3 t 污水</td><td rowspan="2">大肠菌群数和总余氯只征收一项</td></tr>
<tr><td colspan="2">4. 余氯量（用氯消毒的医院废水）</td><td>3.3 t 污水</td></tr>
</table>

四、禽畜养殖业、小型企业和第三产业污染当量值

（本表仅适用于计算无法进行实际监测或者物料衡算的禽畜养殖业、小型企业和第三产业等小型排污者的水污染物污染当量数）

<table>
<tr><th colspan="2">类型</th><th>污染当量值</th><th>备注</th></tr>
<tr><td rowspan="3">禽畜养殖场</td><td>1. 牛</td><td>0.1 头</td><td rowspan="3">仅对存栏规模大于 50 头牛、500 头猪、5 000 羽鸡、鸭等的禽畜养殖场征收</td></tr>
<tr><td>2. 猪</td><td>1 头</td></tr>
<tr><td>3. 鸡、鸭等家禽</td><td>30 羽</td></tr>
<tr><td colspan="2">4. 小型企业</td><td>1.8 t 污水</td><td></td></tr>
<tr><td colspan="2">5. 饮食娱乐服务业</td><td>0.5 t 污水</td><td></td></tr>
<tr><td rowspan="4">6. 医院</td><td rowspan="2">消毒</td><td>0.14 床</td><td rowspan="4">医院病床数大于 20 张的按本表计算污染当量</td></tr>
<tr><td>2.8 t 污水</td></tr>
<tr><td rowspan="2">不消毒</td><td>0.07 床</td></tr>
<tr><td>1.4 t 污水</td></tr>
</table>

五、大气污染物污染当量值

污染物	污染当量值/kg
1. 二氧化硫	0.95
2. 氮氧化物	0.95
3. 一氧化碳	16.7
4. 氯气	0.34
5. 氯化氢	10.75
6. 氟化物	0.87
7. 氰化氢	0.005
8. 硫酸雾	0.6
9. 铬酸雾	0.000 7
10. 汞及其化合物	0.000 1
11. 一般性粉尘	4
12. 石棉尘	0.53
13. 玻璃棉尘	2.13
14. 碳黑尘	0.59
15. 铅及其化合物	0.02
16. 镉及其化合物	0.03
17. 铍及其化合物	0.000 4
18. 镍及其化合物	0.13
19. 锡及其化合物	0.27
20. 烟尘	2.18
21. 苯	0.05
22. 甲苯	0.18
23. 二甲苯	0.27
24. 苯并[*a*]芘	0.000 002
25. 甲醛	0.09
26. 乙醛	0.45
27. 丙烯醛	0.06
28. 甲醇	0.67
29. 酚类	0.35
30. 沥青烟	0.19
31. 苯胺类	0.21
32. 氯苯类	0.72
33. 硝基苯	0.17

污染物	污染当量值/kg
34. 丙烯腈	0.22
35. 氯乙烯	0.55
36. 光气	0.04
37. 硫化氢	0.29
38. 氨	9.09
39. 三甲胺	0.32
40. 甲硫醇	0.04
41. 甲硫醚	0.28
42. 二甲二硫	0.28
43. 苯乙烯	25
44. 二硫化碳	20

中华人民共和国环境保护税法实施条例

（中华人民共和国国务院令第693号）

第一章　总　则

第一条　根据《中华人民共和国环境保护税法》（以下简称《环境保护税法》），制定本条例。

第二条　环境保护税法所附《环境保护税税目税额表》所称其他固体废物的具体范围，依照环境保护税法第六条第二款规定的程序确定。

第三条　《环境保护税法》第五条第一款、第十二条第一款第三项规定的城乡污水集中处理场所，是指为社会公众提供生活污水处理服务的场所，不包括为工业园区、开发区等工业聚集区域内的企业事业单位和其他生产经营者提供污水处理服务的场所，以及企业事业单位和其他生产经营者自建自用的污水处理场所。

第四条　达到省级人民政府确定的规模标准并且有污染物排放口的畜禽养殖场，应当依法缴纳环境保护税；依法对畜禽养殖废弃物进行综合利用和无害化处理的，不属于直接向环境排放污染物，不缴纳环境保护税。

第二章　计税依据

第五条　应税固体废物的计税依据，按照固体废物的排放量确定。固体废物的排放量为当期应税固体废物的产生量减去当期应税固体废物的贮存量、处置量、综合利用量的余额。

前款规定的固体废物的贮存量、处置量，是指在符合国家和地方环境保护标准的设施、场所贮存或者处置的固体废物数量；固体废物的综合利用量，是指按照国务院发展改革、工业和信息化主管部门关于资源综合利用要求以及国家和地方环境保护标准进行综合利用的固体废物数量。

第六条 纳税人有下列情形之一的，以其当期应税固体废物的产生量作为固体废物的排放量：

（一）非法倾倒应税固体废物；

（二）进行虚假纳税申报。

第七条 应税大气污染物、水污染物的计税依据，按照污染物排放量折合的污染当量数确定。

纳税人有下列情形之一的，以其当期应税大气污染物、水污染物的产生量作为污染物的排放量：

（一）未依法安装使用污染物自动监测设备或者未将污染物自动监测设备与环境保护主管部门的监控设备联网；

（二）损毁或者擅自移动、改变污染物自动监测设备；

（三）篡改、伪造污染物监测数据；

（四）通过暗管、渗井、渗坑、灌注或者稀释排放以及不正常运行防治污染设施等方式违法排放应税污染物；

（五）进行虚假纳税申报。

第八条 从两个以上排放口排放应税污染物的，对每一排放口排放的应税污染物分别计算征收环境保护税；纳税人持有排污许可证的，其污染物排放口按照排污许可证载明的污染物排放口确定。

第九条 属于《环境保护税法》第十条第二项规定情形的纳税人，自行对污染物进行监测所获取的监测数据，符合国家有关规定和监测规范的，视同环境保护税法第十条第二项规定的监测机构出具的监测数据。

第三章 税收减免

第十条 《环境保护税法》第十三条所称应税大气污染物或者水污染物的浓度值，是指纳税人安装使用的污染物自动监测设备当月自动监测的应税大气污染物浓度值的小时平均值再平均所得数值或者应税水污染物浓度值的日平均值再平均所得数值，或者监测机构当月监测的应税大气污染物、水污染物浓度值的平均值。

依照《环境保护税法》第十三条的规定减征环境保护税的，前款规定的应税大气污染物浓度值的小时平均值或者应税水污染物浓度值的日平均值，以及监测机构当月每次监测的应税大气污染物、水污染物的浓度值，均不得超过国家和地方规定的污染物排放标准。

第十一条 依照《环境保护税法》第十三条的规定减征环境保护税的，应当对每一排放口排放的不同应税污染物分别计算。

第四章 征收管理

第十二条 税务机关依法履行环境保护税纳税申报受理、涉税信息比对、组织税款入库等职责。

环境保护主管部门依法负责应税污染物监测管理，制定和完善污染物监测规范。

第十三条 县级以上地方人民政府应当加强对环境保护税征收管理工作的领导，及时协调、解决环境保护税征收管理工作中的重大问题。

第十四条 国务院税务、环境保护主管部门制定涉税信息共享平台技术标准以及数据采集、存储、传输、查询和使用规范。

第十五条 环境保护主管部门应当通过涉税信息共享平台向税务机关交送在环境保护监督管理中获取的下列信息：

（一）排污单位的名称、统一社会信用代码以及污染物排放口、排放污染物种类等基本信息；

（二）排污单位的污染物排放数据（包括污染物排放量以及大气污染物、水污染物的浓度值等数据）；

（三）排污单位环境违法和受行政处罚情况；

（四）对税务机关提请复核的纳税人的纳税申报数据资料异常或者纳税人未按照规定期限办理纳税申报的复核意见；

（五）与税务机关商定交送的其他信息。

第十六条 税务机关应当通过涉税信息共享平台向环境保护主管部门交送下列

环境保护税涉税信息：

（一）纳税人基本信息；

（二）纳税申报信息；

（三）税款入库、减免税额、欠缴税款以及风险疑点等信息；

（四）纳税人涉税违法和受行政处罚情况；

（五）纳税人的纳税申报数据资料异常或者纳税人未按照规定期限办理纳税申报的信息；

（六）与环境保护主管部门商定交送的其他信息。

第十七条　《环境保护税法》第十七条所称应税污染物排放地是指：

（一）应税大气污染物、水污染物排放口所在地；

（二）应税固体废物产生地；

（三）应税噪声产生地。

第十八条　纳税人跨区域排放应税污染物，税务机关对税收征收管辖有争议的，由争议各方按照有利于征收管理的原则协商解决；不能协商一致的，报请共同的上级税务机关决定。

第十九条　税务机关应当依据环境保护主管部门交送的排污单位信息进行纳税人识别。

在环境保护主管部门交送的排污单位信息中没有对应信息的纳税人，由税务机关在纳税人首次办理环境保护税纳税申报时进行纳税人识别，并将相关信息交送环境保护主管部门。

第二十条　环境保护主管部门发现纳税人申报的应税污染物排放信息或者适用的排污系数、物料衡算方法有误的，应当通知税务机关处理。

第二十一条　纳税人申报的污染物排放数据与环境保护主管部门交送的相关数据不一致的，按照环境保护主管部门交送的数据确定应税污染物的计税依据。

第二十二条　《环境保护税法》第二十条第二款所称纳税人的纳税申报数据资料异常，包括但不限于下列情形：

（一）纳税人当期申报的应税污染物排放量与上一年同期相比明显偏低，且无正当理由；

（二）纳税人单位产品污染物排放量与同类型纳税人相比明显偏低，且无正当理由。

第二十三条 税务机关、环境保护主管部门应当无偿为纳税人提供与缴纳环境保护税有关的辅导、培训和咨询服务。

第二十四条 税务机关依法实施环境保护税的税务检查，环境保护主管部门予以配合。

第二十五条 纳税人应当按照税收征收管理的有关规定，妥善保管应税污染物监测和管理的有关资料。

第五章 附 则

第二十六条 本条例自2018年1月1日起施行。2003年1月2日国务院公布的《排污费征收使用管理条例》同时废止。